わたし、
いつ結婚できるんだろう?

—男性が決心してくれる8のきっかけ—

市川しんす・葉月かなえ

祥伝社黄金文庫

装丁　細山田デザイン事務所
カバーイラスト　葉月かなえ

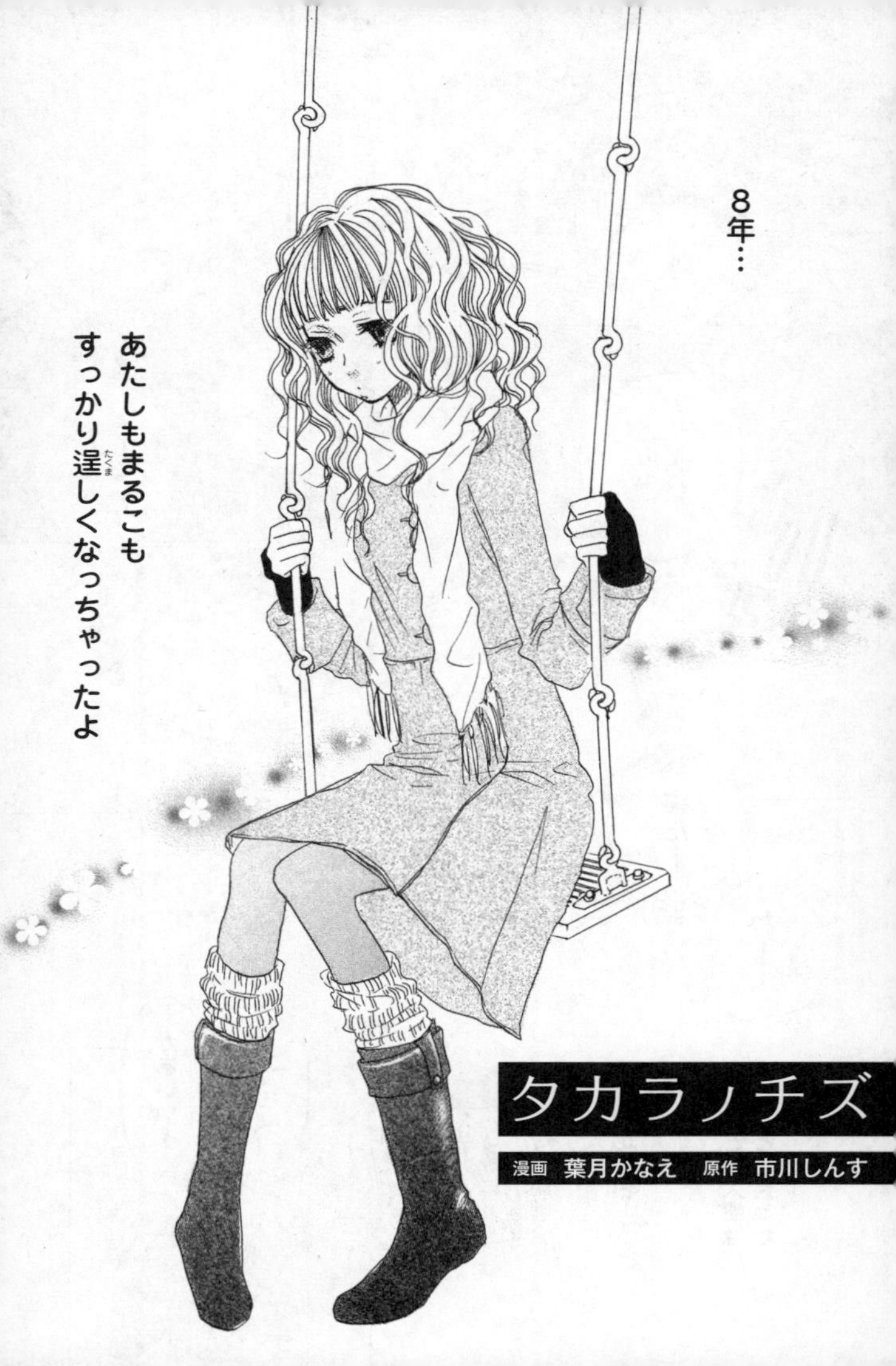
8年…
あたしもまるこも
すっかり逞《たくま》しくなっちゃったよ

タカラノチズ

漫画 葉月かなえ　原作 市川しんす

？
…なんか声しない？
うん
この中かなあ？
バッ
猫だ！
わー
ミニャ…
かあいい〜
ぶっさいく！
え
8年前の今日
あたしと林太郎は
まること出会った。

毎日 家と学校の 行き帰りを繰り返す日々。
林太郎と高校で出会って つきあいはじめて
たわいもない日々が 楽しくて 輝きだした矢先のこと
え～～ 超かわいいじゃ～ん!
え―… だってなんか こいつ 顔つぶれてね?
そういう 種類の猫ちゃん なの～～～っ!!
かわいそうに… 捨てられちゃった んだね――…
ヒドイね～ こんな小さいのに…
………
なあ
こいつ 俺らで 飼うか?
え?!
で… でも…っ
うちのとこも 林太郎のとこも 親が猫アレルギー もってるじゃん…
うん、だから
しばらくは ここで飼おうよ
保健所とかに 連れてかれない ように首輪 つけてさ。
…で、
? で?
……
俺らが 結婚したら
俺らの家で 飼おうよ。

え…?! う…
…うん…
かぁぁ…
なんだよ その顔――
だってだって…っ 林太郎が へんなこと 言うから～～～
…ところで この子の名前 どうしよう?
〝まるこ〟は?
顔が 真ん丸で おまんじゅう みたいだから。
も～～～ そんなの ばっかりー!
よく見ると ホラ、ほのかに 似てね?! 顔がまーるい あたり…
ちょっと!
まるこという 楽しみも加わって さらに充実した日々。
毎日、毎日、 2人でまるこに 会いにいった。
でも…
高校を卒業して 私も林太郎もだんだん 仕事で忙しくなって…
ゴメン!! デートはまた 今度ね。
うんっ わかった!
お互い会う 時間も ままならなくなって ………
まることと出会って8年 こうやって まるこに会いに くるのも
いまは 別々になって しまっている。
ぶにに～
まるこ! おいで～
林太郎のことは
んっ?!

いまでも大好き。
ま…またおまえ重くなってない?
も〜みんなからごはんもらいすぎだよ
でも…
林太郎とつきあってだいぶ経つのにいまだになにもないところをみると
ときどき不安になる。
そろそろ新しい首輪も買わないとね。
首くるしそう…
まったく…
本当は今日だって久しぶりに林太郎と夕ご飯食べいく約束だったのに
"仕事"だって…いまじゃ笑って許せるようになっちゃったよ
私もおまえもこの8年で
随分逞しくなっちゃったものだねぇ〜
…て、
…ん?
まるこ
な…なにこれ…?
パカ…
カサ…
これはタカラの地図です。
えっ?!
なにこれ…イタズラ…?
カッ
ぶにゃ〜〜にゃにゃにゃっぶにゃにゃにゃ〜!!
な…なに、まるこどうしたの?!
ぶにゃー〜っぶにゃ〜〜っ!!
きゃーあばれないでえっ

……
"探せ"っていってるの?
フニャー…!
これは
タカラの地図
です。
またずは、たすいどたうの
よたこ のおたすたなたばた
たばたけつたのなたか
※ヒントは たぬき
…うむ…
それにしても
初歩的で解り易い
暗号解きだなあ
"まずは、
すいどうのよこの
おすなば
ばけつのなか"
でしょ。
あった。
え…っと
つぎは…
ブランコの下…
50年杉の茂み…
鉄棒…
パンダの
口の中…
……

ハァ…
ハァ
んな…っ もうノンストップで 20ヶ所以上 まわってるんだけど…
ハァ ハァ
ハァ…
走りつづけて ガリガリに痩せて それがお宝でした〜って そういうオチっ?!
ハァ ハァ
まいいや もう… いってやるさ
とことん!!
次は、ええ〜と…
ココへGO
船のすべり台の トンネル…?
かる――く2時間…
地図は…
…っと…
?
ないじゃ ない…
…え…
……
わたし?
ほのかへ
ほのかへ
よいしょ…っ
カサ…

ほのかへ
ほのかへ
これを見てくれてるってことは
まるこに会いにきてるのかな？
いつも一緒にいてくれてありがとう
最近は仕事ばかりで遊べなくてごめん。
それでもほのかはいつも笑って
いいよいいよって言ってくれて
俺は何回その言葉に救われてきたか…
いつもほのかに甘えてばかりです。
最近はあんまり会えてないけど
ほのかへの気持ちはずっとかわってないよ
むしろ毎日会いたいって気持ちが
日に日に強くなってる。
だから
これから先は、俺に毎日元気でかわいいほのかの顔を見せてくれませんか？

OKだったら
これを左手の薬指に
つけて待ってて。
ガサガサッ
?!
…あ…れ…
ちょっと…
早すぎた
……?
ぼろぼろ
ッッッ
林太郎〜〜〜
がしっ!!
わっ
バカバカ
バカバカ
びっくりする
じゃん!!
オバケかとおもったじゃん!
あ——…
ごめんごめん
いつから
いたの?!
今日は仕事だって
いってたじゃん!
あ——
…今日は
仕事休んで
地図つくって
た…
笑
うぁ〜ん!
バカじゃないの
バカじゃないのっ
バカって…

忙しい忙しいで会えなくってごめんな…
ぶみぃ
まるこも……な。
ううんっ
…てかさ
それはめてくれないの?
!!
……あ…
……っ
じゃあ…
林太郎がはめて…

うん
……
林太郎…
ほのか
これからもずっと
ほのかのこと大事にするから。

ドス…
わっ…
あはは
そっかそっか
おまえも長い間
待たせちゃった
もんなぁ。
まるこには
こんど名前入りの
新しい首輪
買ってあげる
からな
ちょっと
いまは
おとなしく
してなさい
みんな
一緒になろう。

はじめに

「あたし、大きくなったら、お嫁さんになるの！」

お絵かき帳には純白のドレスをまとったお嫁さんの絵。

その絵を見ながら、うれしそうに語っていたあの頃のあなたの胸には、きっと不安なんてものは、これっぽっちもなかったと思います。

女の子はみんな、大人になったら大好きな人と結婚できるもの。

悪い魔女に魔法で眠らされたお姫様のもとに、白馬に乗った王子様がやってきたみたいに、自分のもとにもいつか素敵な王子様がやってきて、「結婚してください」ってプロポーズされるんだ。幼かったあなたは、自分もいつかきっと……と、その日が来るのを、いまかいまかと胸躍らせて待っていたはずです。

それなのに。一体いつからですか？

「彼は結婚する気なさそうだけど、私、いつ結婚できるんだろう？」

「結婚と恋愛は別物？」

挙句の果てには、

「このままじゃ、一生独身で、寂しい老後が待ってるだけよね……」

鏡の前で、胸いっぱいにたまった不安や苛立ちを吐きだすようになってしまったのは。

……非常に申し上げにくいのですが、その時のあなたって最高にぶさいくです――。

それこそ、お姫様に呪いをかけた悪い魔女みたいに、覇気のないげっそりした顔をしています。高価なお粉をいくら重ねても、新作のコンシーラーを塗っても、どうにもならないほどにげんなりしていて、正直、ちょっと怖いほどです。

でも、わかります！　とてもわかりますよ。だって、私自身がそうでしたから。

結婚適齢期になれば、当たり前のように好きな人と結婚できると思っていました。

でも実は違っていた。お嫁さんになる、それがこんなにも難しいことだったなんて……。

その現実を知って、ため息をつかずにいられるわけがありません。

結婚願望はあるのに「この人と結婚したい！」と思えるほど好きな男性に出会えていないあなたも、「結婚したい」と思っている男性はいるけど、彼にはまだその気がなさそうで結婚の見通しがちっともつかないというあなたも、苦しさは同じです。

いうなれば、先の見えない真っ暗なトンネルの中に、迷い込んでしまったような感じでしょう。トンネルの中は暗すぎて、一寸先も見えなくて、踏み出そうにも怖くて踏み出せないのです。

そうしているうちに、一生この場所にいるのかもしれないって、ますます不安になって苛立ってしまうというわけです。ええ、わかりますとも。

そう、とてもよくわかるのですが……。でも、ちょっと待ってください！

不安や苛立ちは、あなたのキラキラした輝きを失わせるワースト1の要素です！

先に書いた通りで、それらはあなたの覇気さえ奪って、あなたを最高にぶさいくにしてしまうのです。それでなくても真っ暗闇の中なのに、さらに周囲を暗くさせてしまいそうなあなたのもとに、王子様が迎えに来てくれるなんて、どう考えても無理な話じゃないですか。

このままではいけません。このままでは状況は何も変わりません。

では、どうしたらいいのでしょう。

答えはいたってシンプルです！

「灯りを燈《とも》して、周囲を確認して進めばいい」ただこれだけです。

灯りを燈すことさえできれば、周囲が見えて向かう方向もわかるようになります。不安が一気に軽減されて、勇気も出るので一歩を楽々と踏み出せます。もし、先に危険があっても、状況が見えてさえいれば対策が打てます。ただ、対策を打つには色々と知恵が必要になってはきますけど……。

トンネルの話はあくまで比喩《ひゆ》ですが、実際、出口のないトンネルなんてありません。

それと同じで、結婚したいという気持ちがあれば、結婚できないはずがないのです。

それは、今恋人がいない女性にも、「俺、まだ結婚は考えられないな」というのが口癖の恋人がいる女性にも共通して言えることです。

ただ、トンネルを抜けるためには――結婚を手に入れるためには――、繰り返しますが、諦めず、今の状況をよく見極めて、正しい対応をしなければダメなのです。

つまり、「傾向と対策」をしっかりつかんでほしいのです。

今でこそ無事に結婚して、大好きな旦那様とかわいい子供と、幸せな日々を送っている私ですが、数年前は、人一倍結婚願望が強いのに、それに関してさっぱりうまくいかず、深いため息をこぼしてばかりの日々でした。

「彼に結婚を意識させるにはどうしたらいい?」

仲のいい女友達に会ってするのは、いつだってその話題です。この本を手に取ってくださったあなたも、きっと同じではないですか? 持つべきものは同性の友達ですよね。

でも……。女友達に結婚の相談をして、アドバイスをもらう。というのは、かなり危険な行為なのです。

女友達に相談することで、自分の現状を正確に見極めて、正しい対応をとることができる。だから、結婚も近づくはず……なんて思いがちですが、女友達の意見、その時ばかりはポイントがずれていることがほとんどです。

あなたが動かさなければならないのは、女性ではなく男性の気持ちです。結婚したいあなたが知らなくてはならないのは、男性の意見であって女性の意見ではないのです。

職業が漫画原作者で恋愛小説家の私は、作品作りのために、これまで本当にたくさんの男性に取材してきました。そして独身時代、ある作品の取材をしている時に、はたと気がついたのです。

「男性と女性の結婚に対する考え方ってすごく違うんだ。……ということは、女友達のアドバイスってあんまり意味がないってことじゃない！」

そのことに気がついてからの私の行動は、それまでとはまるで違うものになりました。すると、あっという間に今の旦那様からプロポーズされたのです。悩んでいた日々が嘘みたいに、ことがスムーズに進みはじめたのです。

それからは、結婚したいと悩んでいる女性には、男性側の立場にたってアドバイスをすることにしています。すると、その女性達もまた、結婚できないと悩んでいたのが嘘みたいに、わずかな期間ですんなりと結婚していくのです。

この本には、そんな私自身や友人知人の経験も踏まえ、これまでにたくさんの取材をおこなったからこそ知ることのできた男性の意見や本音を、ぎっしりと詰め込みました。

さぁ、次はあなたが「しあわせな結婚」を手に入れてください！

わたし、いつ結婚できるんだろう？

目次

Section 1 男性にとってあなたは、結婚したい女性？

Section 2
その彼と結婚するの、危険じゃない？

Section 3
まだまだ結婚する気がなさそうな彼、実はコロッと落とせます

Section
4
私はこうして彼との結婚をつかみました！リアル実例8

Section 5
結婚後もＨＡＰＰＹでいつづけるために今すぐできること

Section

1

男性にとってあなたは、結婚したい女性？

男性の多くが「結婚したい」と思う
女性の特徴ってなんだと思いますか？
それを知っているか知らないかで、
あなたが好きな男性からプロポーズを
受ける確率はぐんと変わります。
しかも、意識さえしてしまえば今日からでも
実践できることばかり。
さあ、自分自身をチェックしてみてください。

♡あなたの末端5ミリは綺麗？

「結婚したい」

そう考えているあなたが、外見磨きを怠っているとは決して思いません。

もしかしたら、エステやジムに毎週通われているかもしれませんし、毎日雑誌でメイクの研究をされているかもしれません。

悲しいことに**男性は視覚的な生き物なので、どうしても見た目を重視しがちです。**

それは男性の性質であり、本能だからどうにも仕方ないことなのです。

だから、そんな男性のハートを射とめるために、そして自分自身のためにも、外見を磨くことについては大賛成です。女の人は外見が綺麗になるにつれ、自信が持てるようになりますからね。

現在は、美容に関しても色々と手軽に試せる時代なので、どんどん試して綺麗になってほしいと思います。もちろん、自分の体と心、そしてお財布に過度な負担がかからない方法でおこなうようにしてください。

さて、そんな美しくなる「美容法」や「ファッション」に関する具体的な方法は、その道のプロの方（美容師さん、ネイリストさん、エステティシャンさん、美容ライターさん、ショップ店員さん……などなど）にお任せするとして、ここで私がお話しさせていただくのは、**あなたの末端5ミリについて**です。

末端5ミリ?

そう。末端5ミリです。

早速ですが、今、この本を読んでくださっているあなたの手の指とつめ、ちょっと見ていただけませんか。

そして、もし目の前に鏡があるなら、髪の毛先を映してみてください。

メイクをしている人は、まつ毛も一緒にチェックしましょう。

可能ならば、普段履いている靴のつま先、そして持っているバッグの端っこも観察してください。

どうですか？

その全てに対して自信を持って「綺麗」と言える人って、驚くほど少ないと思います。

中には、ささくれができた自分の指先をまじまじ見るのが恥ずかしくなって、指先を隠してしまった人もいたのではないでしょうか。（かつての私もそうでした！）

美容に一生懸命になっているのなら、そこまで気をまわす時間なんてないかもしれません。末端は一番傷みやすい場所なので、綺麗にできてなくても仕方ないですよね。

そう言ってあげたいのは山々なのですが……**ダメ**です！

この「末端5ミリ」、ものすごく大事なのです。末端5ミリを綺麗にしてしまえば、他は後回しでもいいくらい。少し大げさに聞こえるかもしれませんが、本当です。どこをどんなに綺麗にしていても、末端5ミリが汚いと全てが水の泡だと思っていいくらいです。

この**末端5ミリには「清潔感」が宿る**からです。

どんなに頑張って綺麗にしていても、末端が汚いと、清潔感がなくだらしなく見えてしまうものなのです。それは、末端は動きがある部分が多いので、他の部分よりも何かと目に留まってしまうからです。

はげかけのネイル、擦り傷だらけの靴、パサパサしている毛先、重ねすぎてゴワゴワになったマスカラ……。

端っこだしばれないでしょ、別にいいや……なんて思っていたらとんでもありません。

それだと、男性に「だらしないなぁ」という印象を与えてしまいます。

「だらしない」は、結婚を意識させる上で、最低最悪の要素です!

「だらしない」女性と結婚したい男性なんてまずいません。清潔感は必須条件です！

一緒に生活していくのだから、どうしても必要なことなのです。

具体的には……、

・つめを綺麗にする（ネイルができなければ、ペーストで磨くだけでも◎）。

・手にはこまめにハンドクリームを塗る。

・靴やバッグ類は、1週間に一度汚れを落とし、クリームを塗る。2日続けて同じものを使わないように心がける。

・髪の毛を洗う時、毛先の傷みをチェックする（トリートメント剤で治らなければ美容院へ）。

・髪は必ず乾かして寝る。

うわぁ、大変そう……。そう思われるかもしれませんが、実践してみると意外に大したことありません。すぐに慣れますよ。末端5ミリ、意識して生活してみてください。一気に清潔感が増しますよ。

♡冷蔵庫にあるものだけで、すぐに料理できる？

「男性の胃袋をつかめ」

……というのは、昔からよく言われていることですし、料理教室に通っている女性っていつの時代もとても多いですよね。

「料理ができる」それに越したことはないと思います。

お料理が苦手な女性には厳しいかもしれませんが、これはどうしようもない事実です。

仕事から疲れて帰って、家でおいしいものを食べることができたら最高ですよね。男性が「料理ができる人」を結婚したい女性の条件に挙げるのも、すんなりうなずけます。

もっとも、こんなことは私が言わなくても、すでにお母さんやお祖母さんから、耳にタコができるほど言われてきたかもしれません。

おそらく、この本を読んでいるあなたは、料理が得意な方ではないですか?

私のところに相談にくる女性は、大抵「料理は得意なんです」とおっしゃいます。

でも、**ただ単純に料理ができるというだけでは、なかなか結婚に結びつかないのです。**

「婚活難民」なんて言葉までできてしまった昨今。

皮肉なことに、料理教室は今までに増して大盛況です。料理教室に通えば、メジャーな料理はもちろん、珍しい料理のレシピもどんどん提案してくれます。

では、そういった珍しい料理ができるようになれば、結婚に近づくのでしょうか?

いいえ。それも違います。

いくら料理教室に通って、どこぞのシェフに負けないばりのフレンチやイタリアンを作れるようになったところで、手の込んだ料理を披露する機会はなかなかないものです。

普段使わない調味料と珍しい材料を抱えて、付き合っている男性の家を訪れるのも悪くはないですが、彼の家には、珍しいメニューを作るのに必要なスチームオーブンもフードプロセッサーも置いていない確率が高いでしょう。

もしも道具があったとしても、男性って難しいもので、料理のできる女性にお嫁さんに来てほしいくせに、**女性から料理できますと強くアピールされると、引いてしまう人が結構いる**のです。私もアピールのしすぎで、付き合っていた男性に引かれてしまった痛い過去を持っています。

もちろん、そんな男性ばかりではありません。心から喜んでくれるパターンだってあるはずです。でも、普段食べない豪華すぎる料理は、やっぱり非日常でしかないのです。レストランに行って食事をするのと同じ感覚だと思ってください。たまにでいいのです。

だから、あなたのことを「すごいね」って感心はしてくれるでしょうが、それで結婚へ近づくということはほとんどないと思った方がいいでしょう。

料理に関して、結婚に結びつく一番いいアピールの仕方は、男性の家に遊びに行った時に、**ついでという名目で、家の冷蔵庫にあるものを使って、何かをサッと作ってあげること**です。休日に自分の家の冷蔵庫をあけ、試してみてください。

何かを買ってくるわけでなく(あまりに冷蔵庫にものがない場合はちょっとなら買い足しても大丈夫ですが)ただあるもので彼を満足させる料理を作る。これにつきます。

この「あるものでおいしいものを作る」というのは、言うならば「日常のサプライズ」です。お金もかかっていないし、気負いも感じられません。

だから、明日も明後日も続くといいなぁと感じる男性が多いのです。

経済的な面から見ても、「この材料だけで、こんなにおいしいものを作れるなんてしっかりしてるんだな」と、いい印象を持ってもらえます。だから、男性が「この子なら……」と、結婚を意識する上でかなり高いポイントになるわけです。

男性の愚痴を聞いてあげてる?

現代は、ストレス社会と言われています。色々な人がいて、毎日様々な出来事が起こっています。例えば、電車でちゃんと並んでいたのに後ろから割り込まれたとか、会社で自分に非がないのに先輩に八つ当たりされたとか……。

そういった目にあった時に、気持ちがブルーになるのは仕方ないことですよね。ところで、そんな時ってその出来事を誰かに聞いてほしくなりませんか?

いつ会っても愚痴《ぐち》ばかりというのには反対ですし、愚痴らずとも自分の中で消化できるのであればその方がいいとは思います。でも、それが難しい時に、少し愚痴るくらいなら別にいいのではないでしょうか。嫌なことをきちんとリセットして、これからの日々を楽しく生きるために必要なことだと思います。

さて、もしあなたが何か理不尽な目にあって、愚痴をこぼしたくなったとします。

その時に、あなたが愚痴を聞いてもらいたい相手は、あなたにとってどんな人ですか? 多くの人が、信頼している友人・家族・恋人と答えたと思います。

ブログやツイッターで愚痴をこぼす人もいるでしょうが、その場合、ネット上とはいえ、そこにはあなたが信頼している多くの人がいることでしょう。

そう、**信頼している人だからこそ、人は自分の辛かった経験を話せるもの**なのです。

そもそも、「この人なら、きっとわかってくれる」そう思っていない相手には、愚痴をこぼしても仕方ないからです。

愚痴は、いわば小さな悩みや苦しかったことです。

それを話したのに、「そうなんだ」だけで終わってしまっては、話さなければよかったとがっかりしますよね。でも意外に、**他人の愚痴をあっさり流してしまう人が少なくない**のです。

私の知り合いにゲーム会社に勤めている30代前半の男性がいますが、彼は滅多に愚痴をこぼしません。

しかしそんな彼も、数年前に仕事で本当に辛い目にあって、当時付き合っていた彼女に「実は今日こんなことがあって……」と愚痴をこぼしたそうです。彼女は同じ会社の総務で働いている人で、付き合いは2年ほどでした。彼女ならわかってくれると思って、愚痴ってしまったそうなのですが、彼女は、「そっか。まぁ、仕事って大変だよね。お互い頑張ろうよ。ところでさぁ……」とあっさりと話題を変えたと言います。

彼にはそれがとてもショックだったようです。それから数カ月後、2人は性格の不一致が原因で別れてしまいました。

「別れたのは、その時の受け答えだけが原因じゃないんだけど……。でも、あの時のショックは本当に大きかったね。彼女から具体的なアドバイスをもらおうとは思ってなかったんだよ。でも、真剣に聞いてほしかったし、もっと励ましの言葉を掛けてほしかったからなぁ……」と彼は話していました。

ちなみに、その男性は、次に交際した女性とスピード結婚しました。

「家内は、付き合っている時、僕の愚痴にとても真剣に耳を傾けてくれたんだ。私に具体的なアドバイスはできないけど……って言いながらも、自分がその立場だったらどうするかなど、想像力を働かせて考えてくれた。それに、どんな時も僕の味方だと言ってくれて……じーんときて、この人を手放してはいけないなぁって思ったんだよね」

その男性は、今年で結婚5年目を迎えますが、今も奥様とラブラブなご様子です。

男性が愚痴をこぼした時は、どうか真剣に耳を傾けてみてください。

一生懸命に話を聞こうとする姿勢だけで、男性はぐっとくるのです。

普段、会話があっさりしていると言われる方は、あいづちを打つ、アイコンタクトをとるなども、今一度見直してみてください。

自分にお金かけすぎてない？

大抵の女性には物欲がありますよね。

私だってそうです。独身時代は、原稿料が入ればすぐに大好きな靴を買いにデパートに行って、あれもこれもと買っていました。靴以外にも、バッグにアクセサリー、洋服にランジェリー、欲しい物は限りなくありました。それに、綺麗になりたいという欲もとめどなくあふれていました。

コスメにエステに美容院、友達とスパつきの旅行――。

SNSを覗けば、かわいくておしゃれな女の子がキラキラ笑ってる。

自分もこんな風になりたい！　そう思わずにはいられませんでした。

つまり何が言いたいかと言うと、**女性はお金がかかる生き物**なのだということです。

実際、お金をかければどんどん洗練されていきますし、自己投資という考え方は間違っていないと思います。綺麗になることで自信がついて、意識が外に向かいますから、出会いが増えるのも事実です。だから、自分にお金をかけるのはとても大事だと思います。

でも――。情報に踊らされすぎていませんか?

自己投資しすぎて、自分の首を絞めていませんか?

クローゼットが物であふれかえっていませんか?

前に、自分の収入の8割を美容とファッションにあてている女性と知り合いました。

とてもおしゃれで、見ているだけでうっとりしてしまうような美しい女性でした。

彼女は当時26歳、編集者としてバリバリ働いている人で、仕事も充実しているようでした。でもその女性はある悩みを抱えていました。

一つは付き合っている男性から一向にプロポーズされないこと。そして、もう一つは借金こそしていないものの、毎月カードの支払いがギリギリで給料日前は友達とランチすらできない状態にあるというものでした。

その女性のお宅に伺わせてもらった私は、とてもびっくりしました。

玄関はシューズケースに入らない靴であふれかえっており、クローゼットも洋服がぎっちりと掛かっていて、空きスペースは少しもありませんでした。聞けば、まだ一度も袖を通していない洋服もたくさんあるとのことでした。

私は、彼女の2つの悩みは一度に解決できると思いました。

「ねぇ、欲しいという気持ちはよくわかるけど、あなたの体は一つしかないんだから、こんなにたくさんの洋服や靴は必要ないと思うよ。よく吟味《ぎんみ》して売るなり捨てるなりして、スペースを空けた方がいいよ。綺麗にしたら新しく買う時、まずは似たようなものがないかチェックして、あとはそれが本当に必要かよく考えてみるようにしたら?」

そうアドバイスをしました。

最初は「そうは言われても、全部気にいって買っているし」と言っていた彼女ですが、私が「彼はこの状態にきっと気づいてて、それがプロポーズを妨げてると思うよ」と言うと、意を決して、クローゼットと玄関、そして同じくあふれかえっていたコスメケースの整理をしはじめました。整理には5日かかったそうです。リサイクルショップに出したり、人に譲ったり、もちろん捨てたものもたくさんあったとのことでした。

しばらく経って、その女性からメールが届きました。

「すっきりしたら、なんだかすごくうれしくて、もう詰め込みたくないなって思うようになったわ」

彼女が付き合っていた男性からプロポーズされたのは、なんとそれから2カ月後のことでした。

世の中には外見の自己投資に頑張りすぎてしまっている女性がとても多くいま

す。

男性は綺麗な女性を連れて歩きたいもの。確かに、それは事実でしょう。

でも男性が**「金銭管理がきちんとできる女性と結婚したい」**と考えているというのもまた事実なのです。

繰り返しますが、綺麗になるのはすごくいいことです。でも、そこにお金をかけすぎるのは危険だと言いたいのです。お金をかけなくても綺麗になる方法はいくらでもあります。ファッションも工夫次第です。

付き合っている女性が綺麗になって喜ばない男性はいないでしょう。でも、その美しさの裏に、多大なお金がかかっていることがわかった時、男性は間違いなく青ざめます。青ざめるだけですめばいいのですが、あなたは**「金のかかる女性」だと、密かにレッテルをはられてしまう可能性が高い**のです。

付き合っている男性と買い物に行く女性も多いと思いますが、実は結構チェックされていますよ。

「いつも違うバッグ持ってるよね」とか、「そういう柄、この間も買ってなかった? 好きだよね」なんてことを言われたことがあるあなたは、特に気をつけてください。

別に男性に払ってもらってるわけじゃないのだから、何を買ったっていいじゃない……と思うかもしれませんが、それが落とし穴なのです!

お互いの貯金額を教え合ったりしなくても、真面目にお付き合いをしていれば、相手の金銭感覚から、財布事情というのはなんとなくわかってくるもの。セレブであるなら別ですが、一般的にはそこで、**「しっかりしているな」と感心させるくらいでないと、結婚にはつながりにくい**のです。

本当に欲しい物を諦める必要はありません。

でも、基本は厳選して購入するようにすべきです。

しっかり悩んで、どうしても必要だと感じて買ったものには、ものすごく愛着もわいて大切にするし、大切にするだけあって、あなたをきっと輝かせてくれるはず。

ものを大切にする姿勢に好感を抱く男性も少なくありません。

もし今、あなたが全く貯金をせずに、見た目を綺麗にするために多くのお金をかけているのであれば、まずは、その1割でも2割でもかまいません。**幸せな結婚をつかむためのお金だと思って貯金にまわしてみて**ください。

まわした分だけ、あなたは自分を綺麗にするために工夫することを覚えるでしょう。

男性のあなたを見る目が、間違いなく変わります！

趣味を持ってる?

彼に急な仕事が入ってデートをキャンセルされたら、あなたならどうしますか?

「そんなのひどい!」

イライラムキーとなってしまいますか?

それとも……。

「あぁ、私は会いたかったのに……」

仕方ないと思いつつも、ウジウジしてしまいますか?（本当に仕事?）と疑う気持ちもでてくるかもしれません。

お気持ちは分かりますが、それではやはりダメなんです!

もしかしたら、プランをみっちり練っていて、前の晩から彼と会うのをすごく楽しみにしていたかもしれません。今日のデートのために、新しいお洋服を用意していたかもしれません。

でも……。

イライラしても、ウジウジしても、会えないものは会えないのです。

そういう時は気持ちを切り替えるしかありません。

「そっか、残念だけど、仕方ないね。お仕事頑張ってね。次、楽しみにしてるね」

そう言って、笑顔で彼を送りだすことができたら、あなたは最高に素敵です。さわやかに送りだしてくれるあなたに、彼は（悪かったな）と思うでしょうし、それと同時に（俺の彼女って、やっぱりいい女だな）って思うでしょうね。


それでも、やはりショックはショックですよね。聖人ではないですし、実際のところ、なかなか颯爽《さっそう》とは振舞えないと思います。

けれど、なかなかできないことだからこそ、できてしまえばポイントはぐーんとアップします。そのためにも、気持ちを切り替える方法を持っておくことが大切です。

ずばり、**気分転換にオススメなのは、気軽にとりかかれる趣味を持つこと**です。

どんな趣味でもかまいません。

お菓子作りでもいいですし、読書でもいいです。ジムに行くことでも、フラワーアレンジメントでも、とにかく手軽にとりかかれるものならなんだっていいのです。この「手軽に」というところがポイントです。

趣味はすでに持っているけど、海外旅行だとか、スキューバダイビングだとか……、思い立ってすぐできるようなものじゃない人もいると思います。

そういう方は、現地で撮った写真のアルバム作りなど、その**趣味から派生するもので手軽にできる何かがきっとある**と思うのです。もともと好きなことの延長だから、きっとすぐにはまれます。

また、趣味って言われても全然思いつかないという方は、大きな本屋さんか、図書館へ足を運ぶことをオススメします。いつも自分が立ち寄るコーナーはもちろん、普段寄らない場所も含め、ブラブラ歩いてみてください。なんとなく気になるものが見つかるはずです。**はじまりは、なんとなくからでかまわない**のです。

ちなみに、はまれないと趣味とはいえません。

自分が楽しいと思えなきゃダメです。

そういった趣味を持つことで、彼に急に会えなくなった時だって（じゃあ今日は、趣味に費やすことにしよう）と気持ちを切り替えることができるのです。

それに、好きなことに夢中になっている人は、とても輝いて見えます。

これには科学的根拠があるようです。

好きなことをしていると、脳内に「快楽ホルモン」「脳内麻薬」とも呼ばれる神経伝達物質が分泌《ぶんぴ》されると言われています。これらはストレスから脳を守ってくれるそうなのです。**ストレスは、あなたから輝きを奪う大きな要素**です。

輝いている人は誰が見たって素敵です。もちろん、あなたの彼だってあなたが趣味に一生懸命になっていれば、輝いていて素敵だなって思うに決まっています。

また、趣味を持つことで、あなたは、「恋」にどっぷりと浸からずにいられます。「恋」と「趣味」、それぞれに気持ちを分散することができるのです。

自分が仕事で会えないと断っておきながら、**女性側にゆとりや隙《すき》があると、男性はなんとなく落ち着かないもの**です。

彼女の周りに他の男性が来やしないか、自分に興味がなくなっていないか……なんて心配すらしはじめます。それで、彼女を自分のもっと近くに置きたくなるのです。

Section

2

その彼と結婚するの、危険じゃない？

結婚生活は相手によって大きく左右
されるものです。選ぶ相手を間違えると、
正直とても苦労します。
現在お付き合いしている男性、もしくは、
気になる男性に、このセクションの項目が
あてはまらないかしっかりチェックして、
本当にその男性でいいのか
落ち着いて考えてみてください。
このセクションで別れを決意する方のために、
新たに素敵な男性と出会う方法もお教えします。

♡彼と一緒にいる時に自然体でいられる？

「初めて会った日に、この人と結婚するんだとわかった」という人がいます。あなたも一度はそんなことを言っている既婚者に会ったことがありませんか？

こういうことを言う人というのは、大抵が幸せな既婚者です。

「大丈夫よ。焦らなくても、あなたも結婚する相手に出会えたら、ちゃんとわかるから」とアドバイスをしてくれる人もいます。でも正直なところ、そんな風に言われてもあまり説得力がないですよね。こちらのことを想って言ってくれているのはわかりますし、ありがたいのですが……。何を根拠に言っているのだろうって思いませんか。

取材していて気がついたのですが、本当は**「初めて会った日に、この人と結婚するんだとわかった」という既婚者はとっても少ない**のです。よくよく話を聞くと、そう言っている既婚者の多くは、**「初めて会った日に、この人の前では自然体でいられると気がついた」**というだけのようなのです。それが後々、「この人と結婚するんだとわかった」にまで、飛躍しているのです。

なーんだやっぱりと思われたかもしれませんが、ちょっと待ってください。

ここに、ものすごく大切なことが潜んでいます。

つまり、**幸せな既婚者の多くは「彼（彼女）といると、気を遣わなくて自然体でいられると感じることができた」**だから**「結婚した」**そして**「今も幸せ」**というわけなのです。

結婚して幸せな結婚生活を続けるにあたり、「自然体」でいられるかどうかは、とても大切なことなのです。「自然体でいられなければ、結婚しようと思わなかった」ということにもなりますよね。

あなたはどうですか？　彼の前で自然体でいることができますか？

確かに気遣いは大切ですが、もしあなたがメールを入れた後や、電話を掛けた後、毎回ため息をこぼしているなら要注意です。デートから帰る度、男性に合わせすぎて、「疲れたぁ」ってベッドにドサッと横たわっているというのも当然よくありません。最初の数回なら気にすることはありませんが、何度会ってもあなたが無理をしなければならない男性ならば、「自然体」でいられる相手を新たに見つけることをオススメします。

そうはいっても、付き合いも長く、いいところもたくさん知っていて別れたくないという人も当然たくさんいると思います。

そういった方は、ぜひ一度、**デートでいつもと全く違うことをしてみてください。**

買い物デートが多い人ならば、ハイキングとか自然の多いところに彼を誘ってみてほしいのです。誘いにくい人は友達に協力してもらうとよいでしょう。友達とWデートや旅行など、彼が断りにくい状況をつくってください。

いつもと違うシチュエーションの中だからこそ、いつもと違う顔を見せやすいし、今までのパターンを打ち破ることができるのです。

いつもと違うデートには、「本当の私はこうなの」という面を出して、彼に受け入れてもらうチャンスがたくさんあります。一度に出すと彼が引いてしまう場合もありますから、少しずつ出してくださいね。

また、もしあなたにまだ特定の恋人がいない場合、紹介された男性と初めてデートすることになったとしたら、やはり緊張しますよね。けれど、緊張することと、自然体でいられることは全くの別物です。緊張していても、自然体でいられる場合はいくらでもあります。大抵は、一回目のデートで「この人の前では自然体でいられるな」と感じられるものです。ポイントは、**警戒を緩めて自分の話ができたかどうか**です。

三回デートを重ねてみても、「気を遣わずにはいられない」男性とは、お付き合いすることはできても、幸せな結婚をするのは難しいと思った方がいいでしょう。デートから帰った後、今日の自分はどんなだったかよくよく振り返ってみてください。

非常事態、彼の行動は？

人間の本性って意外にわからないものです。

すごーく優しいと思っていた人が、実はそうでもなかったり……。

すごーく嫌だなと感じていた人が、実は頼りになったり……。

それまで受けていた印象と正反対だったりすることもよくありますよね。もちろん、やっぱりこの人はこういう人だったってケースもたくさんありますが……。

それでは、人間の本性はどういう時に現れると思いますか？

答えは簡単です。

ずばり、非常事態です。**彼の本性を知るには、非常事態の彼の行動・対応を見ればいい**のです。でも、非常事態というものはそんなに簡単には起こりません（簡単に非常事態が起きていたら、それは非常事態ではないですから……）。

それでも、そういった時の彼の行動を結婚前に知ることはとても大切です。結婚生活は長いですから、一度や二度、もしくはそれ以上の非常事態は避けて通れないでしょう。その時の男性の行動・対応・そして態度で、あなたの幸せ度は大きく左右されると思うのです。

実際、私の周りには、非常事態の彼の行動にあきれ、怒り、離婚したり、家庭内別居をすることになってしまった夫婦もいます。

「彼ったら、私が妊娠中につわりでしんどかった時、俺には何もできないからと言って、本当に何もしてくれなかったのよ！　どう思う？　ありえないでしょう？」

そんな話をしていた人もいれば、

「私の母が病気で倒れた時、俺に言われても困るよ……って、全然相談に乗ってくれなかったの。幸い大事には至らなかったけど、この人には何を言っても無駄なんだと思ったわ。結婚したことを本当に後悔してるわよ」

と、話していた人もいます。

「非常事態、彼はあなたを必ず助けてくれる。辛い時は一緒に考えてくれるに決まってる。彼を疑わず、信じなさい。信じる者が救われるのよ」

そうアドバイスをくれる人もたくさんいて、私もそれができたら一番いいと思います。余計な心配はしない方がいいとも思っています。

そもそも、付き合っている男性に対して（この人、非常事態に私を助けてくれないかも）なんてはなから疑うのも、かなり失礼な話ですよね。だから、あなたが「私の彼はきっと大丈夫」と心の底から思えるのならば、この項目は飛ばしてしまって大丈夫です！

すでに2人で非常事態を乗り越えた経験がある人も飛ばして問題ありません。

ただ、彼と付き合って一度も非常事態に陥ったことがなく、本当にこの人と結婚していいのかなと考えている人や、これから新たな出会いを求めている人は、要チェックです。

現在お付き合いしている男性がいて、でもこの人でいいのかなと考えてしまうのは、そういう大きな出来事、つまり非常事態を一緒に乗り越えてないことにも原因があります。

そういう意味では、まだまだ絆《きずな》が弱いのです。

彼との絆を強くするためにも、「非常事態」を一緒に乗り越えてほしいのです。

彼が、「いざという時に頼りになる」ことがわかれば、あなたの中で彼の株はぐーんと上がり、結婚に対しても確信がもてるようになるでしょう。

ただ、先にも話した通り、非常事態とはそんなに訪れないものです（実際は、訪れない方がいいものですし）。でもそれでは、彼のその時の対応もわかりません。

それなら一体、どうしたらいいと思いますか？

「事故にあったの」とか「妊娠したかも」などと嘘をついて、男性を試す女性もいますが、これはタブーです。確かに、非常事態における彼の行動はわかるかもしれませんが、試したということがバレた瞬間、あなたに対する彼の信頼は地に落ちます。**女性に試されることに嫌悪感を抱く男性はとても多い**のです。せっかく2人の関係がうまくいっていたとしても、これでは、THE ENDになりかねません。

私は嘘をついて彼を試すのではなく、**事件性の強い映画を彼と映画館で観ること**をオススメします！　映画を観た直後、「もし、私が映画の中で起こったような出来事に巻き込まれたとしたら……」と、質問してみてください。直後にというのがポイントです。

人間は、**ぼーっとしている時に何かを訊かれると、嘘をつきにくいもの**なのです。大スクリーンで映画を観た直後ならば、軽い放心状態で頭もまわってない場合が多いですよね。けれど、直後ということで、彼も登場人物を自分やあなたに置き換えやすいので、思いのほかリアルな意見が聞けるのです。

その他に、一緒にニュースを見ている時や、ドライブ中に何気なくラジオでニュースを聞いた時などもオススメです。全て、とっさに訊いてくださいね。

もちろん、リアルな非常事態よりパンチは弱いですが、彼の本音や行動がなんとなく見えてきます。一度試してみてください。

彼は、店員さんにやけに厳しくない？

大好きな彼は、きっとあなたにすごく優しいですよね。

ではその彼は、あなたやあなたの知り合い以外の人にも優しいですか？

わかりやすいシチュエーションでいえば、例えばレストラン。

あなたと彼。お客として、ランチでもしようとお店に入ったとします。そこで、あなたの彼は店員さんにどんな態度をとっていますか？　その時の彼の態度、ちゃんと見たことがありますか？

やけに威張って横柄な態度をとったりしていませんか？

私は仕事柄、よく一人でカフェに行って原稿を書くのですが、意外なことに横柄な客って結構見かけます。

客はお金を払う立場です。時間がかかりすぎるのも、注文を間違えるのも、不快ですよね。でも、店員さんだって人間だからミスをすることもあります。そして大抵が些細《ささい》なミスです。

でも、そんな些細なミスでもすごく怒る人がいるのです。

確かに、そのミスで嫌な気持ちになったのだから、謝ってもらうのは当然かもしれません。けれど、店員が謝ってもずっと怒ったままだったり……。帰る時、ドアをがんって乱暴に閉めて出て行ったり……。

こういった時に、彼の器がどれくらいのものかがよくわかります。

第三者に対して横柄な態度をとってしまう人というのは（もちろん、丁寧すぎる必要はありません）、自分の感情をコントロールすることが苦手な幼稚な人だと思った方がいいでしょう。

今後会うことがないであろう相手だからこそ、自分が抱いた負の感情をガツンとぶつけることができるのです。もちろん、それでその相手がどれだけ落ち込むかなんてことは考えていません。相手が悪いんだ、自分に非はないって思っています。

こういったタイプの男性は、怒っても時間の経過と共に、気持ちが収まる場合が多いです。だから、イライラが収まるまでは、横にいるとハラハラものでしょうが、**収まってしまえば「まぁ、彼が悪いわけじゃないし……。いっか」と思ってしまいがち**なのです。

でも、このタイプの男性とお付き合いしているあなた、要注意です。

その男性は、今はあなたに優しいかもしれません。けれど、いずれ結婚したとしたら、**あなたにもイライラをぶつけるようになる可能性が大いにあります**。彼がまさかと思うかもしれませんが、こういったタイプの男性は、いわばキレやすいわけですから、どこでそういったスイッチが入るかわかりません。矛先《ほこさき》があなたに向かわないとしても、そんなキレやすい彼をあなたは尊敬し続けることができますか？今は目をつむってやり過ごすことができていても、長くいればやはりあきれてしまうのではないでしょうか。**尊敬なしに、「幸せな結婚生活」を存続することは、かなり難しい**と思います。

だから一度、レストランやお店においての、彼の店員に対する態度をチェックしておいてほしいのです。本当に彼に非がなかった場合（例えば大きなミスがあったのに店員が全く詫《わ》びてこなかったとか）彼が憤慨するのは当然ですから、別れた方がいいかななんていう心配は無用です。

けれど、些細なことなのに彼がすぐ「キレてしまう」人なら、やはり、今後の付き合いを一度考え直した方がいいでしょう。結婚を考えているならなおさらです。

残念ながら、このタイプはそう簡単には直らない場合が多いのです。だから、私は別の人に目を向けることをオススメします。それでも、あなたがどうしても彼でないとダメというのなら、彼を矯正《きょうせい》していくしかありません……。

しかし**矯正にはかなり時間がかかる**と思ってください。

「お店でイライラされると怖いの」なんて具合にかわいらしく言って、「1カ月間、イライラしない約束をして」とお願いしてみましょう。

まずは1カ月、すごく難しいと思いますが、愛するあなたとの約束を守ることで彼に達成感を味わわせてあげてください。

そして、1カ月を無事過ごすことができたら、2カ月、3カ月とスパンを長くしていってください。半年までスパンを広げることができれば、彼が変わってきていると考えてもいいでしょう。

根気がいると思いますが、どうしても彼がいいならば頑張ってみてください。

彼、隠れマザコンじゃない？

母親がお腹を痛めて産んだ子を愛おしく思うのは当然ですし、子が自分を産んで育ててくれた母親を慕うのも当然です。親孝行をしている（あるいは、したいと思っている）男性は素晴らしいと思います。

でも、いつまでも「ママ、ママ」と言って親離れできない、いわゆる「マザコン」男性はさすがに考えものですよね。これについては私が説明するまでもないと思います。

「ママ」なしでは、何も決められない男性と結婚すると、苦労する場合が多いです。

このタイプの男性は、**親も子離れできていない場合が多いので、そんな親子の間に入るのは大変**です。２人の間にはすでに極太の絆があって、そこに割り込むことは、実際問題とても難しいのです。

私の知り合いで、こういった「ママ」なしでは何も決められないタイプの男性と結婚が決まった女性がいます。私が通っていたネイルサロンでネイリストとして働いていた女性で、結婚が決まった時、彼女は28歳でした。

彼女は婚約直後、男性から「結婚式とか、うちのおふくろに全部決めさせてやってよ」と当たり前のように言われたそうです。そして実際に、式場選びや新居のカーテン・食器まで、義理のお母様が全て決めていってしまったそうです。

彼女の意見は全くないがしろでした。

結局、結婚式を挙げる前に「もう彼とは無理だわ。結婚したいって気持ちが大きくて、大事なことから目を背《そむ》けてた。私に対する愛がさっぱり感じられないの。彼はお母さんさえいたらそれでいいのよ。付き合っていた時からわかっていたことだったのに……」と、彼女は婚約したことをつくづく後悔し、別れを決意したのです。

彼女もとても苦しかったと思いますが、こういったわかりやすいマザコン男は、まだ罪が軽いと思います。なぜならほとんどの場合、最初に出会った時点で、「この人は、すごいマザコンだ」ということがわかるからです。その彼女も、その男性とお付き合いする前から「付き合おうか迷ってる人がいるんだけど、マザコンっぷりがすごいのよ」とよく話していました。それをわかった上で、彼女はその男性を選んだのです。そういったタイプの男性を選ぶのならば、それなりの覚悟が必要です。

ただ世の中には、**傍目《はため》にはわかりにくいマザコン男性もいます**。いわば、**「隠れマザコン」**です。この「隠れマザコン」は、先に書いたタイプと違って、マザコンなのかどうかなかなかわからないのです。結婚してから気がつくケースも多いから要注意です。

幸せな結婚を夢見ていたのに、結婚が決まった途端、「おふくろが……」と母親を前面に押し出され、先ほどの「わかりやすいマザコン」同様、結婚式も、新居も、挙句の果てには子育ての方針まで、なにからなにまで彼ママの意見を通されて……。彼ママに賛同しなければ、あなたが悪いということになってしまうわけです。

あなたがものすごく従順で、彼のお母様のおっしゃることなら……と全てを快く受け入れられるならば、このタイプの男性と付き合うのもいいでしょう。結婚しても苦に感じることはないと思いますから。でも、そうでないのなら気をつけてほしいのです。

マザコンではないと思っていただけに、マザコンだとわかった時のショックは非常に大きいものです。言ってしまえば、彼はあなたではなく「ママ」の味方なわけですから、嫁姑《しゅうとめ》間で何かあった時に頼ることもできません。

あなたと彼の人生のはずが、いつのまにか**彼と彼ママの人生をあなたは蚊帳《かや》の外で見ている状態**になってしまうなんて、辛すぎます。

「隠れマザコン」と付き合っていると、「あれ?」と、感じる場合が多いようです。本当に「なんとなく」程度の違和感で、とても小さなサインばかりなのですが……、どうか見逃さないようにしてください。

具体的な例は次の通りです。

・彼ママとの電話の際、友達と話しているみたいに楽しそうに話す上、通話時間が長い。
・両親の自慢話・尊敬しているといった類の話が、他の人と比べてはるかに多い。
・両親・家族の話は多いのに、友達や職場の話は少ない。
・いい歳なのに、親から援助してもらっていることが多々ある（親は比較的裕福）。
・「俺、ちょっぴりマザコンかも」なんてことを冗談で言うことがある。
・彼の兄弟の中に、母親に結婚を反対された人がいる。それを当然のことのように話す。

これらが1週間のうちに全て出てくるようであれば、彼は間違いなく「マザコン」です。でも、意識的なのかそうでないのか、この**「隠れマザコン」タイプは、短期間で全てを見せません**。ほとんどの場合、付き合っている長い期間に小出しにされるので、「あれ？」と、ほんの少し違和感を覚えるぐらいで終わってしまうのです。

「マザコン」だと気がつかずに付き合いはじめて、彼との付き合いが長くなればなるほど、あなたの相手に対する想いは募っていきます。いずれあなたは、その男性と「結婚」したいと考えるようになりますよね。

だから、できるならば彼に「マザコン」というレッテルをはりたくないのです。それ故に、「あれ？」と感じても、「違う、違う。彼は、親想いの人なの」なんていう風に、都合よく考えてしまうのです。でも、違和感を覚えたなら、ちゃんと向き合わなくてはいけません。

私の学生時代からの友人に、そんな「隠れマザコン」と付き合っていた女性がいます。

彼女は25歳から27歳までの2年、その彼と付き合いましたが、耐えきれず別れました。

「毎週お母さんからクール便が送られてきてたの。中身が手作りのお惣菜なんだけど、タッパーに全てラベルがはってあって、賞味期限が書いてあるの。それだけならまだいいんだけど、その下に、今日も頑張ってねとか、応援してるわよとか……メッセージやイラストが色々書いてあってさぁ……。それを彼がすごい喜んでてねぇ。しかも、やっぱりおふくろの飯が一番だよとか、毎回ちゃんとお母さんに電話してすごい褒めまくってて……、2年目にして、やっぱりこの人、マザコンだわって。結婚はできないと思った」

そう話していました。

ちなみに、彼女と付き合っていた彼は2つ歳上の歯科医師でした。性格も穏やかで面白い人だったそうですが、彼女は彼と結婚して幸せになれるとは思えなかったそうです。

はっきり言いますが、**マザコン男の矯正はすごく難しい**です。男性だけではなく、**その男性の母親の意識も変える必要がある**からです。あなたよりも、うんと長く生きてきた女性の意識を変えるのは並大抵のことではありません。だからこそ、結婚前にどの程度のマザコンなのか知る必要があります。もちろん許せる範囲なら気にすることはありません。

タイミングを見て「私、将来は〇〇したいと思っているんだよね」や「子供には、〇〇させたいなぁ」なんて、大切な未来の話をしてみてください。別に、男性に結婚を意識させようとして言うわけではありませんから、男性をぎょっとさせないためにも、なるべくそういった話をするのに不自然でないタイミングを見つけてくださいね（結婚している友達やその子供のことを引き合いに出すなどすると自然です）。

そこで、彼が「うちの母はこうしたいみたいなんだよね」といった感じで、あなたの意見より母親の意見ばかり押すようなら、今一度、付き合いを考えてみてください。

彼、いいわけ男じゃない？

「不況だから、どうしようもない」

電車に乗っていると、暗い顔してこんなことを口にしている人をよく見かけます。

確かに、業種によっては、景気が悪いものもあるとは思います。なかなか上がらないお給料に「会社がよくないから」「時代が悪いから」と、なにかのせいにしたくなることもあるとは思います。

けれど、周囲のせいにしたところで、何も解決しないのです。不況が悪いのであって自分に非はない、そう思うことで、ほんの一瞬は楽になるかもしれません。でも、そんなの、本当にほんの一瞬だけです。自分に非がないことがわかったところで、現状は何も変わりませんから。

結局、変えたければ、自分が動くしかないのです。それまで以上に心を研《と》ぎ澄まして、自分自身でどうにかする努力をするしかありません。

「○○だから、どうしようもない」ではなくて、「○○だから、どうにかしなくちゃ」そう言える人を選ぶべきだと思います。そんな風に考えられる人ならば、いつかは現状を打破できるはずです。一緒にいてあなたも前向きになれるし、いい影響を受けることができるでしょう。

さて、あなたの彼はどうですか？

「○○のせいで……」が口癖ではありませんか？

あなたも「うんうん、そっか。じゃあ仕方ないね」って聞いてあげていませんか？

長い人生のうち、何かのせいにしてしまうことは誰にだってあると思います。

でも、ことあるごとに、何かのせいにして納得している男性は要注意です。こういったタイプには、色々なことにおいて諦めモードで向上心の低い男性や、大切なことに向き合わずに逃げる男性が多いのです。

しかもこういったタイプ、実は少なくないのです。**いいわけが得意な男性の頭の中には、普段から「どうせできっこない」という諦めの意識が潜んでいます**。だからこそ、できなかった時のいいわけがポンポン出てくるのです。

こういった男性とずっと一緒にいると、**次第にあなたのやる気まで奪われて、あなたまで無気力になってしまいます**。夫婦って似てくるものですからね。「顔まで似てるね」なんていわれる夫婦だっているくらいです。

やる気を奪われないにしても、彼のその「何かのせいにして納得する」性格にあなたがイライラしてストレスを感じることも多々あるでしょう。

こういう男性と結婚して、やがて無気力になり、うつ病になってしまった女性が知り合いにいます。現在結婚6年目。33歳で子供はいません。飲食店にパートタイマーとして勤めています。快復後、話を聞く機会がありました。

「仕事で失敗する度にいいわけをしてたのよ。最初は励ましていたんだけど、俺は悪くない、あいつが悪いんだとか、会社が悪いんだとか……いつもいいわけばかり。挙句の果てには、お前がしっかりしてないからって……私のせいにまでしたのよ。何年一緒にいても全く変わらないの。そのうちに、励ますのもバカらしくなったわね。もういいやと思った途端、なんだかどっと疲れが出て体調を崩しちゃったのよね」と話してくれました。

離婚はされていないので、「もう一度、夫婦でしっかり話しあってみてはいかがですか？　奥様がご病気になられたことは、ご主人にとって大きな出来事だったでしょうし、今ならば、いいわけをせずに話を聞いてくれるかもしれませんよ」とアドバイスをしたのですが、奥様は言いました。

「無理よ。彼との未来には、もう楽しみを見出せないの。私に彼と向き合うエネルギーはもう残ってないの。それに、実は私、今は他に付きあっている人がいるのよ。最低って思われるかもしれないけど、その人はとても頑張っているし、いいわけもしない人なの。いずれは今の主人と離婚して、その人と再婚するつもりよ」

と、強く決意されているようだったので、それ以上は何も言えませんでした。

こんな結末もあるわけですが、そこまですれ違ってしまう前に、彼を矯正することも実は可能なのです。

あなたが彼に影響を受けやすいのと同じように、彼だってあなたに影響を受けやすいのです。

だから、あなたがその男性と正反対の行動、つまり、いいわけをせずに楽しそうに物事に取り組む姿勢を見せれば、その男性が変わる可能性は大いにあります。**ネガティブな発言はできるだけせず、常にポジティブでいること**です。口癖をポジティブなものに変えることも効果的です。

最初はイライラして怒りたくなることもあると思いますが、怒ると逆効果です。怒ることで、あなたの気力も奪われてしまいます。あなたが彼色に染まらないことに十分注意して、**彼をあなた色に染めるつもりで取り組むこと**が大切です。

根気がいりますが、やってみる価値はあります。

♡素敵男子と出会って結婚するには、とにかく妄想

さて、これまでの項目を読んでくださったあなたは、もう「結婚してはいけない男性」についてはバッチリだと思います。今彼がそういうタイプじゃなくてホッとしている方、おめでとうございます。あなたはこの項目を飛ばしてくださって結構です。セクション3から、結婚願望が低い男性の特徴や、そんな男性に結婚を意識させる方法を詳しく説明していますから、そちらに進んでください。

また、そんな方とは対極で、今彼が「結婚してはいけない男性」ど真ん中だと気がつき、別れを決意された方もいると思います。どうか、がっかりしないでください。

別れは出会いのはじまりでもあります。これからあなたには、幸せな結婚をするべき男性との素敵な出会いが控えています。もちろん、まだ恋人がいない方も同様

です。

さて、これから出会いを控えている方達には、試していただきたいことがあります。

それは、**あなたにとって「理想の結婚」とはどういうものかを、細部まで、本当に細かい部分までイメージすること**です。結婚式のイメージも素敵ですが、できるならば、結婚式を終えた後の生活について思い浮かべてみてください。

・どんな家に住んでいますか？

・間取り・家具はどんな感じですか？

・ペットは飼っていますか？　飼っているとしたらペットの名前は何ですか？

・あなたはどんな洋服を着て、何をして彼の帰りを待っていますか？

結婚してからも仕事を続けたいって人もいますよね。そういう方は、朝、会社に出勤する自分を思い浮かべるといいでしょう。

そんなこと言われても、なかなか思い浮かばないという方は、住宅情報誌やインテリア雑誌、そして結婚情報誌などに一度目を通してみてください。きっと、あなたの「これ！」が見つかりますよ。

そして当然ですが、**パートナーについても細かくイメージしてほしい**のです。

まだ出会っていない相手のことなので、想像しにくいかもしれません。

そんな時は、紙にパートナーがどんな人であってほしいかを全て書いて、その後、「私のパートナーは○○で、○○で、○○……」といった感じで、書いたことを全て口に出して読むことをオススメします。誰に見せるわけでもないので、遠慮することなく、本当に全ての理想を書いてみてください。

職業、年齢、体型、見た目、身につけている物、年収、雰囲気、性格、本当に思いつく限り全てです！

こうすることで、自分の理想のパートナーのイメージがぼんやりと浮かんできます。

顔面まで細かく思い浮かべにくければ、彼の後ろ姿なんかをイメージするといいでしょう。もちろん、そのパートナーに見合う自分ってどんなだろうって、しっかり思い浮かべてみてくださいね。

さぁ、どうでしょう。あなたの理想の結婚生活を思い浮かべることができましたか？

ただの妄想じゃないの、これが一体何の役にたつの……と首をひねったあなた！

妄想ってすごく大事なのです。

妄想とリアルは、切っても切れない関係なのです。

例えば今、あなたが自分の食べたい物を思い浮かべたとします。そうすると、口の中に唾《つば》がたまりますよね？　**脳は、妄想と現実をはっきりと区別することができない**と言われています。だから、「これは現実だ」と勘違いして、それなりの行動を体にとらせるわけです。だから唾が出るのです。唾が出ると、さっきよりもずっと食べたくなってしまうから、あなたはそれを冷蔵庫に取りに行くなり、レストランに食べに行くなりのアクションを起こしますよね。もし我慢したとしても、「食べたいもの」の妄想を続ければ、どんなにたくさんの種類の食べ物がある場所でも、不思議と、一瞬でそれだけが目につくようになってきます。もちろん、手を伸ばす確率もぐーんと上がります。

つまり、意識しているものは、他の物より格段に目につきやすいのです。

これを、**引き寄せの法則**といいます。

高校生の時に出会って以来、ずっと仲良くしている私の親友は「欲しい物は、いつだって向こうから近づいてくる」と豪語しています。彼女は、高校時代から今に至るまで、仕事にしろ、恋人にしろ、いつも欲しいものを手にしてきた印象があります。

そんな彼女に話を聞くと、「こんな雰囲気のワンピースが欲しいなぁと思って、それを着て出かける自分の姿を妄想していると、妄想していたのとそっくりなワンピースに出会うのよ。この間も、オレンジ色の小花柄のワンピースに会えたの。丈の長さも妄想と同じでぴったりだったよ」と言っていました。

またこの彼女は、学生の頃から、

「結婚したら、庭つきの古いレンガ造りのおうちに住みたいなぁ。そこに住んで、彼の帰りを待ちながら、手の込んだおいしい料理を作るの。ローストビーフとかさぁ……」

と、いつも言っていました。

すごい妄想をしているなぁと思っていましたが、その数年後！

「彼とたまたまデートしている時に、私の理想のおうちがかなり安い値段で売られていたのね。それで、何気なく見学に入ったんだけどさ、すごく住みたくなっちゃって……。そんな私を見ていた彼が、『結婚して、ここに一緒に住もうよ』って言ってくれたの～」

彼女は今、いつも口にしていた、庭つきのレンガ造りのおうちに住み、素敵な奥様をしています。私が遊びに行くと、手の込んだおいしい料理でもてなしてくれます。

彼女の話はあくまで一例ですが、**「理想の結婚生活」の妄想を続けることで、本当に「理想の結婚生活」を引き寄せることができる**わけです。星の数ほどいる男性の中から、あなたの求める男性を瞬時に見抜くことができるようになりますし、その頃にはあなたもきっと、イメージし続けたそのパートナーに見合う女性に近づいているでしょう。

だから、あなたにもこの妄想を毎日続けてほしいのです。

妄想を続けていると、1カ月もしないうちに目を閉じるだけですんなり思い浮かぶようになりますよ。また、自分の中でこんな人が理想というのがはっきりしていると、周りにもこんな人がいいと明確に伝えることができます。周囲の友人や仕事仲間が「あなたにぴったりな人が」と紹介してくれる可能性も上がります。まずは1カ月を目標に、わくわく妄想してみてくださいね！

Section

3

まだまだ結婚する気がなさそうな彼、実はコロッと落とせます

実はまだまだ結婚する気がなさそうな彼を
その気にさせるのは、そんなに難しいことでは
ないのです。
ただし「やり方さえ間違わなければ」です。
次ページからは、まだ結婚する気になれない
という男性達を8つにタイプわけしています。
それぞれの特徴・攻略法を細かく
載せていますから、あなたの彼がどのタイプか
チェックしてみてください。その上で、
効果的なアクションを起こしましょう！

まだまだ結婚したくない男性は、8パターンに分類される

まだまだ結婚したくない男性達。彼らは、決して結婚したくないわけではないのです。

女性ができるだけ早く結婚したいと考えているのに理由があるのと同じように、男性にも、まだ結婚したくないと考える理由があります。

この理由を調べていると、まだまだ結婚したくない男性は、主に8パターンに分類できることがわかりました。その8パターンは次の通りです。

①現状満足タイプ

②人生計画きっちりタイプ

③自分なんてまだまだタイプ
④遊びに夢中な少年タイプ
⑤自分空間大好きタイプ
⑥超草食系男子タイプ
⑦みんなにモテモテタイプ
⑧経済的不安タイプ

ずらっと並べさせていただきましたが、これだけじゃよくわかりませんよね。

ご安心ください。今から一つずつ丁寧に説明していきます。

同じ「まだまだ結婚をしたくない男性」でも、タイプによって特徴も攻略法も全く違います。必ず、それぞれの男性に合った行動をとってくださいね。

♡現状満足タイプ

●どんな特徴があるの？

このタイプの男性は、金銭的に困っているわけでもないですし、仕事もそれなりにうまくいっていて、友人関係も良好。いわば、**現段階では人生における悩みがほとんどない男性**といえるでしょう。

ですからとても溌剌《はつらつ》としていますし、周囲の人にも優しいです。考え方もしっかりしていますから、お付き合いしていてすごく楽しいと思います。そんな彼だから、あなたが結婚したいと思うのは当然です。

しかしこのタイプは、現状に満足しているだけに変化というものを嫌います。変化することにより、幸せな現状が壊れてしまうのではないかという不安を持っているからです。

日本の離婚率は年々高まっています。また景気の影響もあり、子供を育てることが金銭的に大変だというニュースを多く耳にします。どの職業にも安定した生活なんてあり得ないという意見もあります。

自分が興味を持って意識していなくても、そういった話題は毎日、テレビ・新聞で扱われていますから、自然と目につく、もしくは耳に入ってきます。

だから、「結婚」＝「大変」というイメージが頭にこびりついている人が多いのです。この現状満足タイプの多くにもそういった傾向があります。

独身で自由を謳歌《おうか》していて、しかも今うまくいっている。そんな男性がそういった番組を見たり、すでに結婚した先輩達から「結婚すると、大変だぜ……」と聞かされるうちに、「結婚って大変なんだ」と思うようになってしまっても仕方ないと思います。

とにかく、現状満足タイプは、**今が幸せなだけに、自分が幸せでなくなることを**

とても恐れています。また、今の幸せが一番でそれをできるだけ長く続けたいと考えています。

だから、結婚するのが怖いのです。**結婚すると不幸になると思っている人もいます**。

●現状満足タイプのハートを結婚に動かすには？

「お前のことは大好きだよ。結婚するにはお前しかいないと思ってる。でも、今すごく楽しいだろう？　だから、もう少しお互いに自由な時間を楽しんだ方がいいと思うんだ」

現状満足タイプの男性って、彼女にこんなことを口にする人が多いみたいです。

そこに嘘はありません。付き合っている彼女も含めて、今がベストと感じているわけですから。

ただ、彼の言う「まだもう少し」がどれくらいなのかは、彼自身にもわかっていないことがほとんどです。1年かもしれないし、2年、3年かもしれません。

でも、「結婚」以外に関してはあなたを不安にさせることのない彼だけに、そんな風に言われたら、それ以上「結婚したい」なんて言えなくなってしまいますよね。彼の言う通り、待つしかないのかなって考えちゃって当然です。

でも、何度も言いますが、ただ待つだけじゃなくていいのです。

それでは、どうしたらいいでしょう。

彼は現状にものすごく満足しているわけです。ならば、**現状よりもさらに素敵なものがあるということを彼に見せてあげればいい**のです。

つまり、結婚すると、今よりＨＡＰＰＹになれるのだということを彼に意識させるようにあなたが動けばいいのです。もちろん結婚することで、大変なことは色々あります。それでもあなたと夫婦になることで、新たな楽しさが出てくる、しかも、それが今の2倍、3倍の幸せになっていくということをあなたが示すことができれば、彼は変化も大切だと感じるようになり、思いのほかコロリと結婚に傾いてくれます。

●具体的な行動の仕方は？

まず、この手の男性に「結婚は素晴らしいものだ」と言葉でアピールすることはほとんど意味がないと考えてください。男性は視覚的な生き物ですから、言葉であーだこーだ利点をアピールされたところで、あまりしっくりきません。最悪の場合、「焦りすぎだ」と引かれてしまうかもしれません。

そうではなく、まずは視覚的に感じられる行動をしてほしいのです。

一番いい方法は、**幸せな結婚をしている友人夫婦と一緒に、アウトドアパーティなどに出かけること**です。友人夫婦に子供がいれば、子供達も一緒に出かけましょう。これは比較的簡単にできることでしょう。すでに結婚している友人に「結婚したいんだけど、彼がその気になってくれない」と事情を話して、協力を要請してください。きっと喜んで協力してくれます。実際、私も何度も協力してきました。友達カップルとバーベキューをしたり、花火をしたり、とても盛り上がりますよ。

そこで、楽しそうに準備をしている夫婦や、うれしそうにはしゃいでいる子供達を目の当たりにすれば、彼の「結婚」＝「大変」というイメージを払拭《ふっしょく》できるはずです。

また既婚カップルと対で会うことに彼が少しでも抵抗を持ったり、あなた自身が重たくないかなと不安に感じる場合は、既婚カップルと対ではなく、別の独身カップルも交えて3カップル以上で遊ぶとよいでしょう。こういった場合は、彼の好きなスポーツ観戦など、彼が積極的に行きたがるものを選択するとより誘いやすくなりますよ。

これまで手にしたことのない類の幸せを手に入れている人を見て、あなたの彼はだんだんとそれが欲しくなっていきます。現状では物足りなくなってくるのです。

これは現状満足タイプの男性に、結婚を意識させるのにとても効果的な方法です。

♡人生計画きっちりタイプ

●どんな特徴があるの？

このタイプの男性は、真面目で几帳面《きちようめん》な人が多いです。

几帳面なだけに、自分の人生においてもしっかり計画をたてている人がほとんどです。

「○歳で○○の資格をとる」とか「○歳で○○を買う」といった目標に向かってコツコツ努力をしますし、これまでの人生、進学、就職なども計画を成功させてきています。

いわゆる**エリートと呼ばれる人達によく見られるタイプ**です。

彼らは、結婚も人生計画の一つとしてきちんと考えています。

結婚をする年齢や、結婚相手の女性像など、かなり明確なイメージを持っています。

働いていてほしいか、専業主婦でいてほしいか、そういった細かいことに関しても自分の意見が最初からしっかりとあります。

彼らにとって理想とは、いわば明確な目標なのです。だから、一度決めてしまうと、それらの条件が見合うまでは、なかなか結婚にGOサインを出そうとしないのです。

●人生計画きっちりタイプのハートを結婚に動かすには？

今、人生計画きっちりタイプの彼と付き合っているあなた、ご安心ください。

几帳面で計画的な彼です。そんな彼があなたを選んでくれたのです。**ほとんどの場合、彼はあなたのことを、結婚を視野に入れて考えています。**このタイプは、無駄な付き合いに時間を割きたがりませんから、結婚を考えられない女性には見向きもしないはずです。

彼は、あなたが理想の女性だから選んでくれたのです。

それでも、待ち続ける日々ってやっぱり不安ですよね。

彼が本当に自分と結婚してくれるのか、心配になってしまうのは仕方ありません。女性の想像力は豊かな上、不安があると悪い方へ悪い方へと想像力を働かせてしまいます。

でも、本当にこのタイプの彼は真面目で揺るぎにくいので、**相手を信じて待つというのも一つの手**なのです。時間がかかる場合もありますが、大抵の場合は付き合ってきた彼女を無下《むげ》にしません。ゴールインするケースがほとんどです。他のタイプの男性とは違い、時間が解決してくれる確率がとても高いのです。

けれど、先に書いたように、待つ間は、やはり不安が大きくなるもの。

その不安を軽減するための良い方法があります。

まずは彼の人生計画を少しずつ聞き出してみてください。

一緒にテレビを見ている時などに、何気なく「これぐらいの歳（テレビに出ている人の年齢）になったら何をしてたい？」と訊くのがポイントです。計画がしっかりしている彼ですから、普段は自分の計画を胸に秘めているとしても、あなたに訊かれれば、素直に「俺は何歳で、〇〇したい」とか「こうなっていたいんだ」と話してくれるでしょう。

彼の理想を聞きながら、「あなたが〇〇になるんなら、私はその時、何をしていようかなぁ」「私もあなたの〇〇手伝えたらいいなぁ」なんて風に、彼が未来の理想を叶《かな》えていることを前提にして相槌《あいづち》を打つのです。

未来の話ではありますが、これは話の流れでそうなっているわけですから、重くはならないのでご安心ください。

こうすることで、**「彼のこれからの人生の中にあなたがいる」ということをさりげなく印象づけることができる**のです。２人の将来のビジョンがはっきりしてくるため、あなた自身も徐々に安心できるはずです。

しかし、それでも、やっぱり不安だという人や、もう随分と待って待ちくたびれている人などには、待つ以外に打つ手があります。

●具体的な行動の仕方は？

待ち続けるのが辛い人は、自分から行動するしかありません。

しかし、このタイプに、いきなり「私にだって人生計画があるの」なんてことを言ってしまうのはタブーです。

相手の計画に合わせる必要はないとは書きましたが、**口に出して伝えるのは厳禁**です。そうでなくても男性はプライドが高いもの、ましてやこのタイプは「計画」を大事に生きてきたわけですから、自分に相当な自信があります。

突然そんな風に言われたとしたら、落ち込むよりも腹をたてるでしょう。気分が落ち着いたとしても、「こいつは俺の計画には沿ってくれないんだ」と、あなたのことを「理想の女性ではなかった」と判断し、別れを切り出してくる可能性もあります。

そうではなく、**人生は計画的にいかないことがあるものだということを示す**のです。

もちろん、理想を持ち、目標を掲げ、計画をたてるということはとてもよいことです。

しかし、どんなに綿密に計画をたてても、その通りにいかないことだってあるのです。

自然災害も含めて、様々なアクシデントに見舞われてしまうことは、誰の人生にだってありえるのです。

不測の事態を経験した著名人のエピソードは雑誌などでもよく見かけます。

そういった記事が目にとまったら、その雑誌を購入しておくなりして、彼の目につく場所にそっと置いておいてください。**あからさまに置くのではなく、何気なく置いておくことがポイントです。**

また、彼がそのページを読みやすいように、あなたなりに工夫してください。

アクシデントを経験している有名人をネットなどで調べて、その人がテレビに出ている時など、「この人、○○に見舞われたことがあるんだって。前に記事で読んだの」と話すのもいいでしょう。

そういったエピソードを知って行くうちに、計画が全てではない、彼がそう思いはじめればしめたものです。未来に対し、前よりも柔軟な態度を示すようになるでしょう。そこではじめて、**これまで彼に見せてこなかったあなたの理想の人生計画の一部を彼に話してみてください。**「何歳くらいで○○できたらいいなぁとか思ってるんだよね」と。彼のことはひとまずおいて、あなたが未来にやりたいことを彼に話してみてください。

ただし、○○は、結婚や出産などの言葉は避けましょう。趣味とかそういった、ごく普通のことでかまわないのです。前より柔軟になっている彼ですから、あなたの計画を聞き、「人生計画があるのは自分だけじゃなくて当然だったのに、気がつかなかった……」と思うでしょう。

そう感じさせることにより、彼は、**これまであなたが、自分の人生計画に沿ってくれていたことに気がつくはず**です。

本来が真面目な彼だけに、あなたに感謝し、あなたに対する愛情はぐっと増すでしょう。それと同時に、結婚もぐっと近寄ってきます。

自分なんてまだまだタイプ

●どんな特徴があるの？

このタイプの男性は、常日頃から「自分なんてまだまだだ」と感じています。ですから、ことあるごとに「私は、まだまだ未熟者ですから……」とか、「もっと成長しなくちゃなぁ……」なんてことを言ったりしています。

年齢・職業は一切関係ありません。

もちろん、就職したばかりで収入が低く、仕事に関して、本当にまだ右も左もわからない状態という男性はいます。こういった男性が、「自分なんてまだまだです」と言うのは、もっともなことです。あなたの付き合っている恋人が、今そういう状態にいて、「自分はまだまだだから、結婚はまだ考えられない」という場合は、彼のことを応援しつつ、しばらく様子を見てあげてほしいと思います。

けれど、就職して1年以上経っている男性が「まだまだ未熟だから」と言っているのならば、収入の高さに関係なく、もっと自信をもってもらうべきだと思うのです。

もちろん、初心を忘れず自分は未熟者だという気持ちを持ち続けることは、すごく大切です。謙虚さは日本社会を生きていく上では欠かせません。しかし、いつまでも自分のことを「まだまだだ」と強く思っていると、どんどん自分をちっぽけに感じるようになってしまいます。こんな自分では、結婚するのなんて到底無理なんていう考えにも及んでしまうわけです。

このタイプ、**はたから見ると十分すごい地位についていたり、それなりに収入があり、しっかりしている場合が多々あります**。それにもかかわらず、本人だけが「まだまだ」と感じているわけです。

このタイプの男性は、残念ながら結婚に関しても消極的です。

「今の自分じゃ、結婚なんてとてもとても」とまではいかなくても、「もう少しステップアップしてからじゃないと……」と結婚に対して後ろ向きな姿勢を見せるでしょう。しかし「もう少しステップアップしてから」と言っている割に、**それがどれくらいなのか、自分自身でも明確にわかっていない**のです。

●自分なんてまだまだタイプのハートを結婚に動かすには？

この「自分なんてまだまだタイプ」のハートを結婚に動かすために、あなたがやるべきことは、**今の彼を受け入れること、そして彼に自信を持たせてあげること。それと、あなた自身がすでに十分満ち足りているのだということを彼に見せること**です。

このタイプの彼は、とにかく自分に対して否定的です。「まだまだ頑張りが足りない」いつだって、そんな欠乏感を抱えています。

確かに「もっともっと……」というハングリー精神は、向上するために欠かせないものです。しかしいきすぎると、いつだって満たされない気持ちを感じるようになり、自己評価も下がっていってしまうのです。この**彼の自己評価の低下が、あなたと彼の結婚を邪魔している**のです。

だから、あなたが彼に「もう十分やっているよ」「そして、私は今のあなたといられて十分に幸せ」ということを示してあげてください。

彼に結婚を意識させるには、**彼の欠乏感を取り除くのが一番有効**です。

●具体的な行動の仕方は？

たとえ話ですが、お金に困っていない時に、部屋の掃除をしていて、昔のお財布を見つけたとします。その財布の中に1万円が入っていました。

あなたはどう感じますか？

そのお財布を開けて「やったぁ、1万円入ってる」と喜ぶ人がいる一方で、「1万円だけしかない」と悲しく感じる人がいるわけです。同じ金額なのに不思議ですよね。

では、後者の人は、いくら入っていたらうれしく思うのでしょうか。

2万円でしょうか、3万円でしょうか？　それとももっと必要でしょうか。

とにかく、後者の人は、目の前にある1万円だけじゃ喜びを感じられない、つまりは満足できないわけです。**「自分なんてまだまだタイプ」にこの話をすると、大抵が自分を後者だという**のです。しかも、「じゃあ、いくらならうれしいの？」と尋ねると、「うーん、それはわからないけど……」と明確な答えを返してくれないことがほとんどです。彼らの多くは、常に上を見ていて、自分を卑下してしまっている場合が多いので、この財布のケースを含め、何かと「これっぽっちじゃ足りない」と感じているわけです。

あなたの方はどうでしたか？

どうかお願いです。「自分なんてまだまだタイプ」を彼に持つあなたには、なんとしても前者の意識を持ってほしいのです。

「こんなにある」「もう十分に満足」そういった類のことを、いつだって口にするようにしてほしいのです。

もちろん、この本を読まれているあなたですから、結婚したいという気持ちがあるでしょうし、まだまだやりたいことがあって当然です。それでも、そうしてほしいのです。

「自分なんてまだまだタイプ」の彼の前で、あなたが満たされていない感じを見せると、彼は「やっぱり俺はまだまだだ」と改めて感じてしまいます。それが、ますます現状に満足できなくさせるのです。結果、結婚もどんどん遠のいてしまいます。

だから、**まずはあなたが、充足感でいっぱいだと振舞ってみてください**。最初は難しく感じるかもしれませんが、あなたの目のつくところに「もう十分に満足を口癖にする」など紙に書いてはるなどして、とにかく癖になるまで意識してみてください。続けるうちに、彼はあなたの恋人が今の自分でも、十分に満たされているのだと感じ始めます。頑《かたく》なな彼の心がほぐれるのにそんなに時間はかからないでしょう。

遊びに夢中な少年タイプ

●どんな特徴があるの？

このタイプの男性は自由をこよなく愛し、自分の好きなものをすごく大切にしています。そして、その**好きなものに割く時間だけは絶対に必要で、誰にも邪魔されたくない**と考えている人がとても多いです。

「野外フェス」や「スノーボード」など、アウトドアが大好きで、毎年、それにかなりの時間を割く男性などが典型的な例です。また、それらの遊びを一緒に楽しむ仲間のこともすごく大切に思っている人がほとんどです。

「野外フェス」や「スノーボード」に限らず、自分の好きな遊びができない季節や、それらを楽しんだ帰り道などで、仲間達と飲み会を開催し、趣味の話題で盛り上がる人も少なくありません。好きなものの話ならば、何時間でも盛り上がれてしまうようです。また、その趣味にお金をかけることは、彼らにとって全く惜しいと感じることではありません。

しかし、この遊びに夢中な少年タイプ、少年といってももういい大人です。夢中なものに一直線というわけではなく、社会・仕事との兼ね合いはそれなりにちゃんとしています。むしろ、「今頑張れば楽しいことが待っている」という思いから、仕事に熱心に取り組む人も多いようです。

オンとオフの切り替えが上手な人ともいえるでしょう。

このタイプは、自分の大好きなことに取り組むことでエネルギーを蓄えています。そのエネルギーがあってこそ、社会・仕事ともきちんと折り合えるわけです。

このタイプから、**自由な時間を奪うことは、ストレスフルにさせてしまう危険な行為**だと考えた方がいいでしょう。

●遊びに夢中な少年タイプのハートを結婚に動かすには？

このタイプは、自分の自由な時間・趣味に掛ける時間をとても大切にしているので、それを邪魔するものは、できるだけ排除したがります。今付き合っている彼がこのタイプで結婚を渋っているとしたら、それもそのためだと思ってください。つまり、結婚することで、自分の自由な時間がなくなることを危惧《きぐ》しているのです。

結婚をすると、「趣味はほどほどにして」とか「自分ばっかり好きなことをやって」と言われる人が少なくありません。このタイプの男性の多くも、自分より先に結婚した遊び仲間達が、奥さんにそう言われて趣味をしぶしぶ諦め、好きなことから遠のいていくのを目の当たりにしてきています。そんなケースを自分自身にも当てはめがちです。恋人として付き合っている時には大目に見てくれていても、結婚したら「もうダメ」と言われてしまうのではないかと感じているのです。

そうなってしまうと、とてもストレスを感じるであろうことを自分でよくわかっているので、なかなか結婚に踏み切らないわけです。こんな彼のハートを結婚に動かすには、**あなたが彼の好きなことを理解し、できるならばそれを一緒に楽しむこと**です。あなたが彼と同じように、それに夢中になれればベストですが、人それぞれの嗜好《しこう》、向き不向きもありますから、無理をすることはありません。それでも、彼の趣味を理解してあげて、できるだけ興味を持つように心がけることが大切です。

●具体的な行動の仕方は?

この場合、彼の趣味について素直に教えてもらうのが一番です。

「あなたを見ているうちに、私もなんだか興味がわいてきて、◯◯してみたくなったんだけど、今度の週末教えてくれない?」と唐突に切り出してかまいません。

大抵の男性は人に物を教えるのが好きですから、喜んで教えてくれるでしょう。

そして、教えてもらうからには、できるだけあなたもそれを一緒に楽しんでください。

彼の好きなことを、あなたが思いっきり楽しんでいる姿を彼に見せることができれば、「この子なら、俺の◯◯を好きって気持ち理解してくれるんだ。それなら、これからも一緒に楽しんでくれるだろうな」と感じさせることができるのです。さらに「この子以上に俺の好きなことを理解してくれる子はいない」と思わせれば、彼の結婚に対しての考えも変わってくるはずです。

また、どうしても彼の趣味についていけないあなたは、自分なりの趣味を見つけてください。そして、「あなたを見ていたら、好きなことに夢中でいつも楽しそうで素敵だなと思ったの。だから私も趣味を持つことにしたんだ。いいきっかけをくれてありがとう」と彼に伝えてみてください。そうすることで、彼に「好きなことに夢中になるのはいいことだよね」ということをちっとも重たくならずに伝えることができるのです。

あなたが趣味を持つことで、あなたの言葉にぐっと真実味が増しますし、実際に彼の気持ちがわかるようになってくると思います。そうすることで、彼の自由を制限しすぎないようにできますから、関係も一層よくなるでしょう。

自分空間大好きタイプ

●どんな特徴があるの?

こちらのタイプは、遊びに夢中な少年タイプに似ている点があります。それは自分の趣味をすごく大切にしているということです。しかし、遊びに夢中な少年タイプと違って、**自分空間大好きタイプの趣味はだいたいインドアなもの**です。「インテリア集め」とか「プラモデル」とか、そういった類のものが多く、オタク気質と言ってもいいでしょう。

このタイプはこだわりが強く、自分の世界観をこよなく愛しています。凝り性の人や、収集癖がある人も随分と多いようです。**自分の世界観と違うものには見向きもしませんし、自分の世界観を崩されることを非常に嫌います。**それ故に結婚することに対して不安を抱いている人が多いようです。

結婚をすれば、多くの場合は一緒に住むようになります。

そうなれば当然ですが、部屋は自分だけのものではなくなります。

つまり、このタイプの男性は、結婚することで、せっかく作りあげてきた自分の空間が崩れてしまうのではないかと心配しているわけです。だから、結婚に対して二の足を踏んでしまうのです。

実際、私の知り合いのこのタイプの男性は、長く付き合っている彼女がいるにもかかわらず、やはり結婚に踏み切れないでいます。来年35歳、インテリアショップを経営している彼は、彼女のことは大好きだというのですが、自分の城は完璧《かんぺき》で、その部屋からまだ出たくないと言っていました。

●自分空間大好きタイプのハートを結婚に動かすには?

自分空間大好きタイプのハートを動かすには、遊びに夢中な少年タイプの場合と同様に、**彼の趣味をあなたが理解することが大切**です。あなたから見て、「しょうもない」と感じるものが彼の宝物であっても、絶対に否定しないでください。大切なものを否定されたら誰だっていやですし、「こいつには理解できないんだ」なんて風に思われたら、結婚はどんどん遠のきます。もちろん、あなたが自分自身を押し込めてまで、彼の趣味に付き合う必要はありませんが、彼が大好きで結婚したいのであれば、できるだけ彼に歩み寄ってほしいのです。

ほら、大好きな彼の大好きなものだと思えば、少しは勉強してみようかなという気になりませんか？　その気持ちが大切です。**まずは彼に内緒で勉強してみてください。内緒でというところがポイント**です。その理由は後でお教えします。

いざ勉強してみると、「こんなものにこんなにお金かけてありえない、しょうもない」と感じていたもののよさが意外にわかってきたりしますし、彼ほどではないにしても、夢中になる気持ちもなんとなくわかってくるものです。しっかり勉強して、彼のこだわりに理解を示せるようになれば、チャンスです。

●具体的な行動の仕方は？

まずは、こっそり勉強すること。これに尽きます。

彼の趣味に関する本などを購入することがオススメですが、自分の趣味じゃないジャンルの本って何から手をつけたらいいのかわかりませんよね。まずはネットの口コミなどで、そのジャンルの初心者におすすめのとっかかりやすいものをみつけましょう。

そして、彼の趣味に関していろいろわかってきたところで、彼の好きなものについて「これって、○○なんだよね」とあなたが学んだ知識を披露するのです。ちょっとでもいいんです。あなたが知ろうとしてくれたことに、彼は好感を抱くでしょう。

彼は、まさかあなたがそれについて知っているなんて思いませんから、とても驚くはずです。いい意味で「やられた！」という心境になるはずです。つまり、彼をものすごくうれしくさせられるのです。こっそり勉強しておいてほしいと書いたのはそのためです。

あなたなら自分の大切にしている物達を一緒に愛してくれるかもしれないと期待を抱くのです。結婚にも大きく前進するはずです。

♡超草食系男子タイプ

●どんな特徴があるの？

このタイプの男性は、頭に「超」がついているだけに、普通の草食系男子よりもずっとシャイで、がっつく姿を想像することすらできません。

いつだって穏やかで優しい空気を漂わせています。

女性に関しても自分からぐいぐい行くことはなく、待ちの姿勢でいる人がほとんどです。基本的にこのタイプにとって、**告白は「されるもの」であって、自分から「するもの」ではありません。**とにかく受け身の人が多いのです。

いざ付き合ってみると、デートなど女性側に合わせてくれる人がほとんどです。

ただその分、自分の方から「あれがしたい」「これがしたい」と主張することは、ほぼありませんし、唐突に「今日はあなたが決めてよ」なんて言われると、本気で困惑したりします。

また、本当に嫌なことなどを提案された時は「それはちょっと……」とちゃんと否定するものの、否定の仕方が少しあいまいだったり、嫌いなものに対してはっきりした態度は見せず、徐々にフェードアウトしていく場合も多いです。

このタイプの男性とのお付き合いは、あなたが上手に引っ張っていきさえすれば、平和で穏やかな日々が送れます。しかし、女性側が結婚を意識し始めるとそれは一変します。

「結婚」に対して、**彼の方からアプローチしてくるなんてことはほぼありえませんし、あいまいな態度をみせる場合が多い**ので、女性をヤキモキさせてしまうのです。

●超草食系男子タイプのハートを結婚に動かすには?

このタイプの男性、結婚以外のことならば多少強引に説得すればいいのですが、結婚に関しては、それは避けた方がいいです。

女性側が結婚に関して、あまりに熱く一生懸命に説得しようとすると、引いてしまうものだと考えた方がよいでしょう。

このタイプに結婚を意識させるには、できるだけ焦りを見せないことが肝心です。

「一体、何考えてるの?」「私達、将来どうするの?」なんてことは、絶対言わないようにしてください。そうではなく、一緒にいる時間をとにかく楽しみましょう。

また、これまではあなたがデートなどで主導権を握ることが多かったと思いますが、それを一旦やめてください。これからは、**彼に「今日、何をするか一緒に考えない?」と提案するようにしてほしい**のです。

おそらく最初は、「なんでもいいよ」とこれまでと同じく、あなたに委ねようとするでしょう。それでついイライラして、やっぱり自分で決めようとしてしまうかもしれませんが、頑張って抑えましょう。彼と何をするか考えることを、一日楽しむくらいの心づもりでいてください。

これは、今まで受け身でいた彼に、受け身以外の楽しさを教えてあげてほしいからです。そしてどんな些細なことであれ、彼の方がプランを立てたならば、それを一緒に思いっきり楽しんでください。それは彼にとって、ものすごく新鮮な経験になります。

新鮮な経験は人を感動させます。あなたが彼に感動を与えられるというわけです。

そこで初めて「ずっと一緒にいられたらいいね」と、無邪気にあなたの本音を伝えてみてください。あなたといると、日々がこれまでよりずっと楽しくなると彼は感じているはずなので、これまでの彼のあいまいな対応とは、まるで違う答えが返ってくるでしょう。

●具体的な行動の仕方は？

彼にデートプランを立ててもらうのが一番です。

しかし、これまでずっと受け身でいた彼だけに、そう簡単にはできないでしょう。

ですから、あなたの方から**ヒントとなるものをいくつか提示してあげてほしいの**です。

例えば、「友達が温泉旅行に行ったんだって。私も、〇日あたり行きたいなぁって思ったんだけど、ちょっと仕事が忙しくて調べる時間がないんだよね……。申し訳ないんだけど、場所は〇〇らへんで、どこかいい宿探してみてくれない？」といった具合です。

いつ、どこで、何をしたいかまであなたの方が提示すれば、さすがの彼も決めてくれるでしょう。「これって、私がほとんど決めてるじゃない！」と感じるかもしれませんが、それくらいからのスタートでいいのです。ほんの少しでもかまわないから、彼に決めてもらうこと、そして彼が決めてくれたものに心から喜ぶこと、彼に「ありがとう!」と大げさなほどに伝えることが肝心です。

♡みんなにモテモテタイプ

●どんな特徴があるの？

一学年に一人はいたであろう、フェロモンを発散していて、とにかくモテる男性です。

このタイプは要領がよく、頭の回転が速い人が多いです。ユーモアも兼ね備えていて、人に嫌われることがほとんどありません。ですから女性にモテるだけではなく、同性からも支持され、常に人の中心にいます。

そんな男性ですから彼女の有無を問わず、彼を狙《ねら》って目を光らせる女性はたくさんいます（既婚男性でない限り、自分のものにできる可能性は大いにあると考えている女性は結構いるものです）。

しかも、このタイプの男性は、**自分がモテることをちゃんと自覚している上に、勘がいい人が多い**ので、自分に向かってくる熱い視線は毎回キャッチします。彼女がいる場合は、それをさわやかにかわしはするものの、自分を好いてくれている相手に不快な思いはさせないように、それまでと変わらず明るく振舞います。良くいえば優しい、悪くいえば少し気もたせな部分があるといえるでしょう。

●みんなにモテモテタイプのハートを結婚に動かすには？

このタイプの男性とお付き合いをすると、「あの人の彼女なの？」とみんなに一目置かれてうれしい半面、色々と心配事も絶えません。「恋人は、モテないよりモテた方がいい」なんていう人もいますが、実際に、モテモテの人と付き合うと気苦労は絶えません。

しっかりとした自信がないと、「彼って、なんで私なんかと付き合ってるんだろう」と自分を卑下してしまうこともあるくらいです。だからこそ、彼に本当に選ばれて安心したい、つまり結婚したくなるわけです。

しかし、このタイプの男性もなかなかプロポーズしてくれない場合が多いのです。

モテるだけに、「もう少し独身でモテ続けていたい」と思っていたり、「彼女は大事だけど、もっといい相手がいるかもしれないし……」なんてことを考えていたりします。女性側にしたら傷つきますが、モテる男性がそういう傾向にあるのは事実です。

そんな彼の心をあなたとの結婚に動かすには、**彼にとってあなたが本当に特別な存在であることをとくとわからせる**しかありません。

あなたがいかに彼を理解しているかをしっかりとアピールし、彼に自覚させるのです。

そしてその後、一度彼から離れましょう。別れることはありません。距離を置いてください。会えない時間をいつもより長くつくるのです。

とてもモテる彼ですから、心配だと思う気持ちはわかります。でもこのタイプの心を変えるには、その時間が必要なのです。

●具体的な行動の仕方は？

距離を置く前にまずは2週間、彼の望むことを先回りしてやってあげてください。

「どうしたの？　なんか最近やけに優しくない？」と言われるくらい、**とにかくいつも以上に彼に尽くしてください。大切なのは目に見える形でアプローチすることです。**

いつもよりずっと手の込んだ料理で彼好みのものを作ってみたり、彼の探していた物を買っておいてあげたり、彼の部屋に遊びに行くなら、いつもよりはやめに行って玄関やトイレなど、普段あなたが掃除しない場所も綺麗に掃除するなどしてあげてください。

（ちょっとやりすぎかも）と思うくらいでちょうどいいのです。

彼が気がついたら、「時間あったからやっておいたの」くらいのあっさりした反応をするようにしましょう。間違っても「そうなの！　気づいてくれた？」なんて言わないでください。**モテる男性はわかりやすいアピールに慣れているので、逆にさりげなさに弱いのです。さりげないのによくわかってくれている、そのことに彼はグッときます。**

そうして、2週間ほど過ぎたところで、彼にメールを送ってほしいのです。

「ごめんね！　仕事でトラブルがあってすごく忙しくなりそうで、しばらく会えそうにないの。落ち着いたら私から連絡するね。あなたも毎日大変だと思うけど風邪を引かないように頑張ってね」

あっさりと用件を伝えることに加え、彼を気遣う一文を添えることを忘れないでください。このメール以降、彼には「たまに短いメールを返す・その際にも彼を気遣う一文を入れる」以外、何もしないでください。会わない、電話もしない、彼の周りに彼の様子を聞かない、と自分に誓いましょう。

最低でも、いつも会うスパンの2倍は時間を置いてほしいと思います。

そして、久しぶりに会った時、「会いたかったぁ」と最高の笑顔を見せて安心させてあげてください。彼の好きな食べ物なんかを手土産に持って行って渡すのもよいでしょう。

放っておかれた後だから、ワンランク上のさりげない気遣い、しかも彼のことをよくわかっているからこそできる気遣いは、いつも以上に彼の心にしみますよ。

経済的不安タイプ

●どんな特徴があるの？

お金のことを理由に「結婚はまだできない」「結婚は無理だ」というタイプの男性のことです。年齢の割に貯金額が低かったり、所得にムラがあったり、何年勤めても所得が上がりにくい環境にある男性が多いです。ただ誤解しないでください。

このタイプの多くは、**性格は真面目で仕事も一生懸命やっている**のです。

真面目だからこそ、不安も感じてしまうわけです。一生懸命やっていても、とにかくお金がない、そういう人達なのです。決して遊びまくってお金がないというわけではありません。身の丈にあった生活を送っている慎ましやかな人が多いです。

ずばり、彼らにお金がない理由は、給料が少ないからです。

近年、このタイプがぐっと増えてしまいました。男性・女性関係なく、ボーナスのない契約社員、派遣社員の数はどんどん増えています。暗い話になりますが、「給料カット」や「派遣切り」なんて言葉も、ネットなどで頻繁に目にしますよね。

このタイプは、「自分と結婚したら相手に苦労をかける」という思いでいる人がほとんどで、付き合っても自分からは「結婚」を口にしませんし、女性側から話をふっても、「今の状態じゃ無理だよ」と素直に返答してきます。将来に対しての不安もあります。

●経済的不安タイプのハートを結婚に動かすには?

このタイプのハートを動かす場合、ハードルは実は彼だけではありません。まずは、**あなたの親を説得する必要があります**。親としては、娘を収入の少ない人のもとに嫁がせるのは心配で当然です。おそらく反対してくるでしょう。しかし、幸せかそうでないかは、あなたが判断するものです。

どんなにお金があるところに嫁いでも不幸な人だっていっぱいいます。逆に、お金はあまりない人と結婚したけど、大好きな人と結婚してとても幸せだと感じている人もいっぱいいます。

お金はないけど真面目にやっていて、あなたが彼といてとても幸せなことを一生懸命に伝えれば、少し時間はかかるかもしれませんが、きっとわかってくれるはずです。

親を味方につけると、実はことがかなり有利に進みます。親が会いたがっていると伝え、彼を家に招きましょう。彼は嫌がるかもしれませんが、どうしても会いたがっているからと、少し強引になっても構いません、連れて行きましょう。あなたが結婚したいと思っているだけではなく、**あなたの家族も、彼を認めてくれているのだということをアピールすると、彼の肩の力がスッと抜けますよ。**

それに加え、あなたが節約を楽しむ姿を見せることが何より重要です。

また、あなたがキャリアを積み、稼いで彼を養うというのも一つの手です。そういった形も最近だんだん増えていますので、気後れする必要はありません。あなたが養うまでいかなくても、仕事が好きなことをアピールするのもポイントです。

●具体的な行動の仕方は?

親に関しては、今の時代の若者達のことをテーマにした本を勧めるなどして、低所得の人が少なくない時代だということをよくよく実感してもらうことです。また、彼とデートに行ってくるなど、自分から積極的に親に伝え、あなたの楽しそうな姿を見せましょう。親は、あなたの楽しそうな姿をちゃんと見ています。

また、彼に関してですが、**とにかく節約術を見せること**です。その際、こちらも楽しんでいることをアピールしてください。彼だってあなたが大好きでしょうから、あなたが辛そうに節約する姿を見ると、とてもじゃないけど結婚に踏み切れません。

節約レシピなどは、インターネットでいくらでも検索できます。彼にその料理を振舞って、「なんと、これ、たったの○円で作れちゃったの! すごくない!?」とうれしそうに自慢してください。**ここでのポイントは必ず数字を出すということです。男性は「すごく安いの」と言われるより具体的な数字を出される方がピンときますから。**

彼は、節約についてうれしそうに話すあなたをますます好きになるでしょうし、明るいあなたといることで心にゆとりが生まれることを改めて感じるでしょう。あなたのためにもっと頑張ろうと決意もしてくれることでしょう。

やりくり上手なあなたとなら彼も結婚に踏み切ることができるのです。

Section

4

私はこうして彼との結婚をつかみました！リアル実例8

前セクションでは、まだまだ結婚する気がない男性の気持ちを変える方法をお話させていただきました。このセクションでは、実際に、そんな男性とお付き合いをしていて、見事結婚をした女性達のエピソードをご紹介します。

Case 1

現状満足タイプ彼（26歳）と。（埼玉県在住　カヨコさん　24歳）

カヨコさんは、医療事務員として某私立大学付属病院で働く女性です。ショートヘアがさわやかな印象の彼女には、学生時代から付き合っている恋人がいます。彼は、所属していたテニスサークルの先輩で2つ年上の男性。サークル所属後すぐに、猛アタックをしてきたそうです。なんでも、楽しそうにテニスをしているカヨコさんに一目惚れしてしまったとか……。

唐突な告白にすぐに返事はできなかったものの、彼の面白くて頼りがいのある人柄に、カヨコさんの方も次第に惹《ひ》かれていったといいます。結果、彼の告白から1カ月ほどで、カヨコさんがオッケーの返事を出し、2人はめでたく付き合うことになりました。それから5年、喧嘩もたまにあるものの、普段はとても仲が良く安定した関係を続けています。

ちなみに、カヨコさんより2年早く大学を卒業した彼は、広告代理店に勤めています。今年で4年目。働きはじめた当初は激務で、カヨコさんに対するメールや電話も激減し、寂しさから別れを考え言い争いになってしまったこともあったようですが、彼の「俺には、お前しかいない」との言葉に、なんとか持ちこたえたそうです。

現在ではその頃の忙しさが嘘のように、仕事とプライベート両方を楽しめるまでに成長した彼。以前と変わって、彼が、日々ゆとりを持って楽しそうにしているのは、カヨコさんにとっても、とてもうれしいことでした。

けれど……。彼が現状に満足しているのがわかればわかるほど、カヨコさんはモヤッとせずにはいられなかったようです。

「彼、とっても充実しているのに、どうして私にプロポーズしないのかしらって……、正直、すごくモヤモヤしていました」

今、左手の薬指にマリッジリングをつけているカヨコさんは、当時を思い出して恥ずかしそうにそう話してくれました。そう、カヨコさんは彼と結婚したくて仕方なかったのです。

付き合いはじめて5年目のクリスマスデートの帰り道、カヨコさんは思い切って彼に訊いたといいます。

「ねぇ、私達……、いつ結婚するの……?」

クリスマスを彼と過ごすのは当然5回目。6回目こそは、恋人としてではなく夫婦として過ごしたい、カヨコさんの中にそんな気持ちがあふれてしまい、たまらなくなって訊いてしまったそうです。しかし、カヨコさんの勇気あるその質問に、彼は少し困った顔をして言いました。

「……カヨコのことは大好きだし、前から言ってるけど、お前以外の人と結婚するつもりはないよ。でも……、今って、お互い仕事にも慣れて、色々すごく充実してるだろ? もう少し、この時間を楽しもうよ。結婚したらできなくなることも出てくるだろうし」

彼の答えにカヨコさんは面くらいました。まさか、そんな答えが返ってくるなんて夢にも思っていなかったのです。けれど、ショックを受けている場合ではない、カヨコさんはそう思ったと言います。

「結婚したらできなくなることも出てくるだろうしと言われたので、彼は結婚に対してネガティブなイメージを持っているんだなと、その時、初めて感じたんです。そのイメージを取り払わなくちゃ、結婚はまだまだないと思いました。でも、どうしたらそのイメージが取り払えるのか、自分ではさっぱりわからなくて……」

幸いなことにカヨコさんには2つ年上のお姉さんがいて、しかも、そのお姉さんは3年前に結婚し、素敵な旦那様と幸せな生活を送っていました。カヨコさんは、思い切ってお姉さんに電話をして、「彼に結婚がいいものだと知ってほしいんだけど、どうしたらいいかわからなくて……」と相談したそうです。かわいい妹に相談されたお姉さんは「そういうことなら、私達夫婦に任せて!」と頼もしく応えてくれたといいます。

それから、カヨコさんカップルはことあるごとに、姉夫婦とWデートをするようになりました。

「お姉ちゃんと旦那さんが、スノボに連れて行ってくれるんだって！　一緒に行こうよ」

「お姉ちゃん夫婦が一緒に鍋をしようって言ってるから、家に遊びに行こう！」

カヨコさんのお姉さんは、幸せな結婚生活を送っている自分達夫婦と遊べば彼の結婚に対するイメージも少しはよくなるんじゃないかと、カヨコさんに提案してくれたのです。

「お姉ちゃんの意見を聞いてなるほどーと思いました。でも、それまでお姉ちゃん達とWデートなんてしたことなかったんで、最初はかなり緊張しました。だけど、お姉ちゃんもお義兄さんもすごく気さくで面白い人なので、おかげで緊張はすぐ取れて。彼が、自分から、今度はどこに行きますかってお義兄さんに持ちかけているのを見た時は、彼も楽しんでくれてるんだなってホッとしましたね」

そして、カヨコさんも、提案したお姉さんも驚くほど早く、成果が現れたのです。

なんと、カヨコさんが彼にプロポーズされたのは、お姉さん夫婦と遊びはじめて、わずか2カ月後のことだったのです!

「まだ先だって思ってたけど、『やっぱりカヨコと結婚したいんだ……』って。お姉ちゃんの家に行った帰りの車の中で、いきなり指輪を渡されたんです。お姉ちゃん夫婦を見ていると、結婚しないのがもったいない気分になったって言ってました。まさかこんなに早くプロポーズされるとは……って感じでした! すごくうれしかったです。お姉ちゃんもすごい喜んでくれて……、お姉ちゃん夫婦にはもう一生頭が上がりません!」

照れながらも、うれしそうに話してくれたカヨコさんの笑顔がとても印象的でした。

Case 2

人生計画きっちりタイプ彼(27歳)と。(広島県在住　ミホさん　26歳)

取材で初めてお会いしたミホさんは、ふんわりしたボブヘアーに、色白の肌。ゆったりとしたしゃべり口調で、とても柔らかい雰囲気のする女性でした。私がそれを伝えると、

「そうですか?……確かに、おっとりしてるねって時々言われるかも。でも、結婚に関してはゆったりしていられないなぁって思ってたんですよ」

笑いながらそう話しはじめたミホさんは、実は先月、6年付き合ってきた彼と入籍したばかり。学生時代に長らく片想いをしていた先輩にふられて落ち込んでいた時に、友人から「ミホに合いそうな人がいるの。気楽な感じで会うだけ会ってみたら? 落ち込んでばかりいても仕方ないし」と紹介されたことがはじまりです。

失恋の傷が深く、新しい恋には当分踏み切れないなと思っていたミホさんですが、友人の言う通りで、落ち込んでばかりいても仕方ない、そう思って、とりあえず会ってみることにしたそうです。

「それまでに他の誘いもいくつかあったんですが、いつも断っていて。でも、彼の時は、どうしてか行ってみようって思えたんですよね。今思えば不思議なんですけど……」

一度目はミホさんの友人と、相手の友人も交え食事に行ったそうです。面白くてしっかりした人というのが彼の第一印象で、なかなか好印象だったとか。でも、やはり前に好きだった人のことが忘れられていなかったので、付き合うことはないなと思ったそうです。

それでも、彼とはその後も何度か友人を交えて食事に行ったり、カラオケに行ったりするようになりました。友人の一人といった感覚だったと言います。

しかし、ある日の帰り道、たまたま2人になった時に「実は、ミホちゃんがずっと好きだった人に失恋したの知ってるんだ」と突然、彼に言われたのです。そして、「だから、まだ無理かもしれないけど、俺は、ミホちゃんに自分のことを好きになってほしいと思ってる。最初会った時に、絶対この子と付き合いたいと思ったから」と真剣に告白をされたのです。

真っすぐな彼の言葉に感動すると同時に、ミホさんは急激に彼のことを意識しはじめるようになりました。そして数週間後、『私でよければ、付き合ってください』と彼にメールで返事をしたそうです。その時、彼は医学生で21歳、ミホさんは音大生で20歳でした。

「俺、24歳で大学卒業で、26歳で前期研修医が終わるんだよね。それから3年間後期研修医っていうのがあるんだ。それが終わったら専門医がとれるから、それから、1年くらいして……うん、結婚は30歳ってところだな。ミホは29歳の時ね。それまで待っててほしい」

付き合いはじめてからは喧嘩はほとんどなく、周囲からうらやましがられるカップルだったようです。1年2年と、付き合いが長くなるにつれ、彼はミホさんに将来計画をよく話してくれるようになり、結婚話も当たり前に出てくるようになったと言います。

「目標に向かって頑張って、実際に一つずつ達成していく彼は眩《まぶ》しかったし、彼の将来設計に自分が入っていることもうれしかったので、それで満足していました。でも……」

月日が流れ、ミホさんは無事に学校を卒業し、音楽教室の講師として就職しました。仕事にも慣れはじめ仕事が楽しいと思えるようになった頃、周囲の友人達がちらほらと結婚しはじめたと言います。しばらくすると、出産の報告をくれる友人も現れるようになりました。ミホさんはうれしい半面、次第に寂しさと焦りを感じるようになっていきました。

彼がきっちり計画をたてて頑張っているのはわかっている。でもなんだか、自分だけが周囲から置いていかれている感じがする。私も一日でも早く幸せな家庭が持ちたいのに。

その頃、彼の方も研修中とはいえすでに医師として働いていました。お互い貯金はあり、彼の同期で結婚している人もたくさんいました。

それなのに、どうして後3年も待たなくちゃいけないんだろう……。

そう思いはじめると、ミホさんの頭からはその疑問が離れなくなってしまいました。

それでも、計画をたてて的確に行動することを好む彼の性格を、その頃にはとてもよくわかっていましたから、彼にはそのことについて何も言わず一人ぐっと我慢していました。そんな時です。

「9・11テロのことが書かれた本を目にしたんです。そこには、今この一瞬一瞬がいかに大切かってことがつづられていました。読んでいるうちに、涙がとまらなくなって……」

ミホさんの場合は、それを素直に彼に「読んでほしい」と手渡したといいます。

読んだ直後の彼の反応は、正直よくわかりませんでした。

しかし、数日後。

「俺って、いつも計画、計画って、あんまり今を見てなかったよなぁ……」

突然、彼がミホさんにそう言いだしたのです。それだけではありません。

「しかも、自分の計画ばっかり話して、ミホの意見はあんまり聞いてなかったなぁって反省してさ……。ミホの将来計画とかってどんななの？」

「え？　将来計画？」

「うん。なんかないの？　ほら？」

「え……、あー、うーん、35歳くらいで自分のピアノ教室やれたらいいなぁなんて……って、いうか、な、なんでいきなり……？」

「ピアノ教室か！　いいじゃん。……そうだよな。ミホにも色々計画あって当然だよな」

「う、うん？」

最初ミホさんは、彼がどうして急にそんなことを話しだしたのか、さっぱりわからなかったそうです。ミホさんの場合は、そういったことを期待してその本を彼に手渡したわけではなかったので、その本が彼にそんな作用をしたことに気がつかなかったわけです。

「本当にびっくりしました。私としては心打たれた本だったので、彼にも読んでみてほしいと思って渡しただけだったんですが、結果として、その本がきっかけとなり、彼は計画だけではなく、今をもっと大切にしなくちゃと強く思いはじめたみたいで……。そこからは、まさかまさかで、結婚話もすぐに出てきちゃって……」

そう体験談を話してくれるミホさんはとてもうれしそうで、話しているところちらまでうれしい気持ちになりました！

Case 3

自分なんてまだまだタイプ彼（26歳）と。（京都府在住　リカさん　24歳）

「子供の頃からぼんやりと、若いママになりたいなぁって思っていたんです」

お腹をさすりながらにこやかにそう話すリカさんは、妊娠6カ月。入籍後すぐに妊娠したそうです。お腹の子供のパパになるリカさんの旦那様は銀行員。顧客を増やすために、色々とノルマがあり仕事は何かと大変なようですが、リカさんのために、そして生まれてくる子供のために、毎日はりきって仕事に出かけているそうです。しかも家に帰ってからは皿洗い・お風呂掃除などの家事も積極的に手伝ってくれるとか！

そんな素敵な旦那様と子宝に恵まれ、とても幸せそうなリカさんですが、結婚までの道のりは決して平坦《へいたん》ではなかったようです。

「私、そろそろ結婚したいんだけどなぁ……」

リカさんが彼にかわいらしくそう言ったのは、3年前のクリスマスの日のこと。彼と神戸市内まで足を延ばし、まばゆいイルミネーションと有名レストランのロマンチックなディナーに酔っていたリカさん。その2年前に友人の紹介で出会って付き合いはじめた2人ですが、2人の間には付き合いはじめた当初から『何か不満を感じた時は、相手にきちんと伝える』という決めごとがありました。これは、彼が言い出したことだそうです。しかし、リカさんは、前から早く結婚したいと思っていたにもかかわらず、これまで「結婚したい」ということを、ストレートに彼の前で口に出したことはありませんでした。

重たいと思われるのが怖かったのです。けれど、ロマンチックなクリスマスの夜です。今夜ならいいかも……と気分が高まり、ついに言ってしまったわけです。ところが……。

「いや〜、それはばっかりはちょっと待って。だって俺なんてまだまだダメだよ。もっとしっかりしてからじゃないと、リカさんをお嫁にくださいってお父さんに言えないだろ」

彼は白い息を吐きながら大真面目な顔でそう答えたのです。リカさんの酔いは一気にさめたと言います。

「……そっかぁ」

「うん。もっと成長してからじゃないとね。リカ、それまで待っててくれる？」

「……もちろんだよ！」

彼に笑顔でうなずいたものの、リカさんは内心複雑な気持ちでした。

（もっと成長するって、一体いつまで待てばいいんだろう……）

星の瞬く空を眺めながら、ため息をこぼさずにはいられないのでした。それでも、大好きな彼と結婚したいリカさんは、彼がプロポーズしてくれるまで待とうとしっかりと決意したそうです。けれど……。それから、1年経っても、2年経っても、プロポーズされる気配は微塵《みじん》もなく……。

「さすがに心配になってきました。付き合いはじめてもうすぐ5年経つし、収入だってそれなりにあるのに、結婚のことをちらつかせると彼はことあるごとに、俺はまだまだだから……、もっとしっかりするまでは……と、そんなことばかり言って。責任感が強いのはいいことだとは思いつつも、これじゃ、いつまで経っても結婚できないと思いました」

リカさんは、彼の意識を結婚に向けようと必死になりました。

親子連れがよく来る動物園や遊園地などをデートの場所に選んだり、さりげなく結婚式場の前を通るようにしたり……、結婚した友人のアルバム作りを彼の前でしたり……。言葉でこそあまり言わないものの、彼に結婚を意識させようと、できる行動はすべてとったと言います。けれど、そういう場所にいくら行ってみたところで、彼の口から「結婚」の言葉が出ることはありませんでした。それどころか……。

「幸せそうな親子を見て、私がうらやましいなというと、彼ったら、『そうだよなぁ、あんな風になるにはもっとしっかりしなくちゃだよなぁ、まだ時間かかるなぁ……』って言いだしちゃって……。正直、なんかやることなすこと裏目に出てるみたいで、もうお手上げって感じでした。それでも彼は好きだし……だから、もういいや、何をしても無駄だ。この人はとことん待つしかないんだって開き直ったんです」

開き直ったリカさんは、とりあえず、今そのままの彼を受け入れることにしました。

もちろん結婚はしたい。若いママになりたい。けど、これぱっかりは、一人で思ってもどうにもならない。

(いつかは結婚する予定の大好きな彼がいる、それで十分に幸せじゃない)

そう思うようになると、不思議と、彼に対する感謝の気持ちがわいてきて、言葉にも出てくるようになったと言います。「はやく結婚をしたい」と考えて必死になっていた時は、彼に対する不満などが胸の中にあったので、それ故に感謝の言葉も少なかったことにも気がついたと言います。

「いつもありがとうね、本当に感謝してるからね」

リカさんがそういった類の言葉を口にするようになって半年後、あれだけ行動してもまるで結婚に踏み切らなかった彼から、

「リカなら今の俺でも受け入れてくれると気がついたよ。結婚しよう」

と、プロポーズされたのです。

「行動も大事なんでしょうけど、彼を動かしたのは私の言葉だったと思いますね」

幸せいっぱいのリカさんは、にこやかにそう話してくれたのでした。

これからもお幸せに!

Case 4

遊びに夢中な少年タイプ彼（29歳）と。（東京都在住　ミチカさん　30歳）

「私、一生独身だったりして……」

30歳のバースデーを迎えた日、ミチカさんはそんな不安にさいなまれていました。

ミチカさんには付き合って4年になる彼がいます。ミチカさんも彼も、大手出版社で働く編集者で、2人は会社の新入社員歓迎会で初めて出会いました。ミチカさんの出身地が大阪、彼の出身地が奈良と近かったことがきっかけで、2人はその場でとても盛り上がり、意気投合しました。お酒に強いことも共通しており、仕事の後などに一緒に飲みにいく仲になったそうです。

半年ほどして、休日に彼から突然呼び出され「俺と付き合う気ない？」と訊かれたそうです。聞けば、彼は新入社員歓迎会の日から、ミチカさんに惹かれていたそう。実はミチカさんの方も、初めて会った時から、彼のことをいいなぁと思っていたのでした。なので、2人はその日を境に付き合いはじめたのです。

しかし、彼には一つ問題がありました。

「三十路までにはプロポーズされるだろうなんて……、期待してた私がバカだったよ」

ミチカさんの30回目の誕生日、プロポーズどころか、彼は学生時代の友人と、彼の大好きな野外フェスに出かけてしまい、ミチカさんと一緒に過ごしさえしなかったのです。大好きなインディーズバンドが初めてフェスに参加するとかで、彼はどうしてもそのフェスに行きたかったらしいのです。そう、彼の問題とは、ものすごいフェス好きだということ。

ちなみに、その日のことはかなり前から相談されていて、ミチカさんはしぶしぶながらも了承していました。もちろん、ミチカさんも誘われましたが、ミチカさんはフェスに全く興味がありません。だから断ったそうです。

彼からプレゼントとして、前から欲しかったゴールドのイニシャルネックレスを事前にもらいました。それに来週、しっかりと埋め合わせをしてもらうことにもなっています。奮発してもらい、あこがれの某有名ホテルに予約をとってもらっています。それでも、やっぱりしっくりきません。

「今までだってフェスとイベントがかぶっちゃったことは何度もあったけど、彼、毎回フェスとるんだもん。いやになっちゃう。フェスなんか何が楽しいわけ……」

ブツブツ。その日、ミチカさんは夜遅くまで友達に愚痴らずにはいられませんでした。

「当時は最初にフェスを作った奴一体誰なんだよーって心の底から思っていましたね。うきうきして出かけていく彼を見ては、いらついてため息ばかりついていました。彼の中心は私じゃなくてフェスにあるんだって感じていてモヤモヤしてましたね。いい大人なんだし、もう落ち着けばいいじゃないとも思っていました。だから、どうやったらフェスを嫌いにさせられるか、真剣に考えていましたよ。彼がフェスを嫌いになれば、結婚にも目が向くと思っていましたからね」

最初は、「フェスって子供っぽくない?」とか「日焼けするしさぁ」とか、ミチカさんが思いつく限りのフェスの難点をそれとなく彼に訴えていたそう。でも全く効果はなく、彼は「そんなことないよ。楽しいぜ」というばかりだったとか……。

「フェスを嫌いにさせるのが難しいのならば、フェスに行くより、私と一緒にいる方がはるかに楽しいと思ってもらうしかないって。そうしないと結婚できるわけがないって思い込んでました。今思えば必死すぎて、私自身ちょっと怖いくらいですけど」

ミチカさんは彼からフェスを遠ざけるため、料理教室に通いはじめました。料理が苦手なミチカさんでしたが、家庭でできるフランス料理に、欧風料理、時間の許す限り様々な料理を勉強したそうです。そして健康のためにも、週末はできるだけ自分のご飯を食べてほしいと彼にお願いしたと言います。

「もともと食べることが好きな人なので、彼はとても喜んでくれました。でも結局、彼からフェスを遠ざけることはできなかったんですよ。私の料理の腕が上がっても、好きなバンドが出演するフェスにはやっぱり必ず行っちゃってて……。もちろん、結婚話も全然出ないし……」

そのうちに、ミチカさんは、疲れを感じはじめました。

「ねぇ、もういい加減にしてよ！　フェスなんか行かなくていいじゃん！」

バースデーからしばらくして、2人の記念日がやってきました。

その日、彼が、「実は午後からまたフェスに行きたいんだけど……」そう言い出した時、ミチカさんの怒りはついに爆発しました。フェスはもういいから、自分との将来を考えてほしいのに……、そう思わずにはいられなかったのです。

「もう、フェスばっかりじゃん。他にやることないの？」

苛立ちをぶつけるミチカさん。実は、ミチカさんが彼のフェス通いについて、真っ向から否定したのはこれが初めてでした。彼はミチカさんがそこまでフェスを嫌っているとは夢にも思っていなかったようで、かなり面くらっていたそうです。けれど、引く気配は全く見せなかったとか。

「なぁ、ミチカ、お前さ、一回もフェス行ったことないんだろ。なのに、フェスなんかとか言うなよ。そもそも前から誘ってるじゃん。一緒に行けば、向こうで記念日も一緒に過ごせるしさ。今日だって、俺はあっちで一緒に過ごせたらいいなぁって思ってさ……」

「……いやよ。私が野外系苦手なの知ってるでしょ。フェスなんて行かない」

「いや、そう言うなって。一回だけでいいからさぁ。なぁ?」

行きたがらないミチカさんに彼は食い下がりました。

「一回行ってみて嫌だったら、俺も色々考えるから」

「考えるって……」

「いや、でも、お前と別れる気はないけどね。俺は」

「……何それ」

しばらく無言のまま時間が流れ、結局ミチカさんの方が折れたそうです。

「……わかった。じゃあ、今から一緒に行くわよ。でも、素直に感想いうからね」

こうして、2人は初めて一緒にフェスに行くことになりました。レンタカーを借りての1泊2日のフェス旅行、ホテルではなくテントに宿泊です。

そして、絶対好きになれるはずがない、そう思っていた初めてのフェスで、ミチカさんの目からはウロコがポロポロと零《こぼ》れ落ちたのです。

「フェスがあんなに楽しいものだとは思っていませんでした。なんていうか、一体感があるんですよね。音楽を聴くだけじゃなくて、来てる人みんなが、同じ時間を共有して楽しんでるっていうか……。隣のテントの人とは夜に一緒にシチュー作ったりして……。なんか大自然の中でそんなことするの、小学生の野外活動以来で新鮮で……」

ミチカさんはとても照れくさそうに、そう話してくれました。

「でも、絶対楽しめないとか言った直後だったので、素直に楽しいってなかなか言い出せなかったんですよ。でもそのフェスに、私もよく聴いてるミュージシャンもたまたま参加していて、彼と手をつないでそのミュージシャンのライブを一緒に聴いてる時、彼に、楽しいか? ってぼそりと訊かれて、悔しいながらにも、うんってうなずいて。行ってみて初めて、彼が夢中になるのがわかりましたね。最初から否定していたことを反省しました」

その日から、ミチカさんは、彼に「私にもフェスのこと色々教えて」「また連れて行って」とお願いし、彼の趣味でもあるフェスを一緒に楽しむようになったそうです。

つまりミチカさんにも趣味ができたわけです。

「ただ純粋に夢中になれるものができると、前ほど結婚、結婚って考え込まなくなりましたね。といってももちろん、できるもんならしてほしいなぁって気持ちは変わってませんでしたけど」

ミチカさんが、そうして少し柔軟になった頃のフェスの帰り道でした。

「ミチカ、これからもずっと一緒にフェス行こう。結婚しようよ」

彼が少し恥ずかしそうに、ミチカさんにそうプロポーズしてくれたのです。

「本当に驚きました。すっごくうれしかったです。今は夫婦でフェスを楽しんでいますけど、いつか自分達の子供も連れて、3人で一緒に行くのが夢ですね」

ミチカさんの左手の薬指には今、マリッジリングがキラキラと輝いているのでした。

Case 5
自分空間大好きタイプ彼（31歳）と。（岡山県在住 カナさん 23歳）

カナさんが駅前の書店でアルバイトをはじめたのは、21歳の時のことでした。カナさんは元々美容師を目指していて、前の年に美容の専門学校を卒業していました。

しかしとても残念なことに、卒業する少し前から、カナさんはカラー剤やパーマ剤に対して、アレルギー反応が出る体質になってしまったのです。そのために皮膚科の医師からも、美容師になることを反対されてしまったのです。とても悩んだ末、美容師になることを断念し、フリーターの道を選んだと言います。

「美容師になれないんなら、なんでもいいやって。たまたま駅前の本屋さんでアルバイト募集をしていたので、なんとなくでそこに決めたんです」

なんとなくで決めた書店アルバイト、カナさんはそこで運命の人に出会いました。

「彼は私のバイトの面接の担当者でした。もちろん、アルバイトではなく正社員です。切れ長の目がクールで鼻筋がすーっと通っていて、自分のめちゃくちゃタイプだったんですよ。おかげで面接の最中なのに、なんだかすごくドキドキしちゃいましたね」

はにかみながら話すカナさんは、その後、無事に面接に受かり、週5でアルバイトをはじめることになりました。

最初は大変だったそうですが、2週間ほどで仕事にも慣れ、仕事仲間とも楽しくやれるようになったそうです。もちろん、面接をしてくれた彼とも少しずつ仲良くなりました。そして仲良くなればなるほど、責任感が強い彼に惹かれていったそうです。

けれどその彼は、カナさんより8つも年上。カナさんは、彼にしたら自分は子供でしかないんだろうなぁ、と感じずにはいられませんでした。

しかし、そう思いつつも想いは募る一方だったとか……。

「面接の時はただかっこいい、好みだなって思っていただけなのに、気がつけばいつも目で追うようになってしまって……。話ができた日はそれだけでものすごくうれしくて。本当にめちゃくちゃ好きになってしまっていて。どうにかして彼の彼女になりたいなぁって。こんなに好きになっちゃったし、ダメもとで頑張ろうと思うようになったんです」

当時のことを振り返り、恥ずかしそうに話すカナさんですが、その後、カナさんの猛アピールと、カナさんの気持ちに気がついた周囲の仲間の応援のおかげで、2人は付き合うことになったのです。

忘年会の帰り道、仕事仲間達が彼とカナさんを2人きりにしてくれた時に「もう気がついていると思うけど、ずっと好きでした。私と付き合ってほしいです」とストレートに告白したそうです。

「その日、告白の返事を聞く時に、彼から、俺、結婚願望ない人間だよ、それでもいいのって訊かれて。付き合いたかったので、いいよってうなずきましたけど、本当はいやだなって思ってました。彼と付き合えば、いつか結婚したくなるだろうなって、付き合う前からなんとなく感じていたので。まぁ、でもとりあえずはオッケーをもらえたことが最高にうれしかったんで、あまり気にしないようにしました」

そんな彼とカナさんカップルですが、実は最近結婚したばかり。付き合いはじめて2年目で、なんと彼の方からプロポーズされたのです。カナさんは、一体、どうやって彼の心を動かしたのでしょうか?

「すごい大人っぽい部屋だね!」

「そう?」

「うん、私の部屋と全然違う」

付き合いはじめてしばらくして、彼の部屋に初めて遊びに行った日、カナさんは驚かずにはいられませんでした。

照明、ラグ、カーテン……、センスの良いインテリアが、これまたセンス良く配置されていました。彼の部屋は、インテリアにあまり興味のないカナさんでも、すごいと思ってしまうほど素敵な部屋だったそうです。

「俺、インテリア好きなんだよね。特に北欧家具が好きでさ。食器だとアラビアとか」

(え……何? アラビアって言った? アラビアンナイトの……じゃないよね……)

「あ、あたし、あんまり詳しくなくて」

「あ……、そっか。じゃあ、カナは普段、どんなの使ってるの?」

「え? あたし、あたしは実家暮らしだし、お母さんが買ってきたのを適当に……」

「これはヤバイ。そう思いました。その時もまだ彼と付き合えたことに舞い上がっていたんですけど、彼が趣味にこだわっているのが本当によくわかったので、話についていけない私なんかじゃつまらないって思われて、すぐに振られてしまうんじゃないかって不安に感じました。これだから若い娘はダメだって具合に……」

しかもカナさんは仕事仲間の情報で、彼が元彼女と別れた理由は、趣味が合わなかったからだと聞いたこともあったようで、すごく焦ってしまったそう。しかしカナさんは、ただブルーになるだけではなく、すぐに彼の趣味について勉強をすることにしたのです。

「本当にあまりにも知識がなかったので、彼に訊くのもなんだか恥ずかしいなって。だから、彼の部屋の本棚をこっそり見てタイトルを覚えて、トイレに行った時に携帯にそのタイトルをメモしておきました。本は、働いている書店で買うと彼にばれちゃうから、ネット通販でゲットしました」

「今まで関心がなかった分野だけど……。結構好きかも。あ、これかわいい」

そうして、彼の趣味の本を取り寄せたカナさん。読んで勉強しているうちに、自分も彼の好きなインテリアにはまっていくのがわかりました。

そして、勉強をはじめて2カ月あまり。再び彼の部屋を訪れることになりました。その時、カナさんは、彼の淹《い》れてくれたコーヒーを飲みながら、

「あ、これってアラビアのマグでしょ。かわいいよね。私も色違いの買ったんだよ」

と、何気なく言ってみたのです。

「え？ カナ興味ないっていってなかった？」

「それがなんだか好きになっちゃって……。実は部屋の照明とかも変えちゃって」

「まじで⁉ どこのにしたの？」

彼は興奮しながらも、とてもうれしそうでした。

「プロポーズされたのはそれから2年後なんですけど、私がこっそり勉強して彼と同じものを好きになっていたのが決め手だったそうです。もともと結婚願望がない人だと知っていたので、結婚に関してはじっくりせめていくしかないと思っていました。そんな矢先だったので驚きましたね。まさか、もうプロポーズされるなんてって感じでした」

うれしそうに話してくれたカナさん。その日も取材の後、彼と一緒に新居の家具を選びに行く予定を入れていました。彼に好かれる努力、それが結婚につながることがよくわかる経験談でした。

Case 6 超草食系男子タイプ彼（30歳）と。（兵庫県在住　アイさん　27歳）

ジムでヨガのインストラクターとして働いているアイさんは、この頃悩んでいました。

悩みは、付き合って4年目になる彼が、自分の意見をあまり主張せず、なんでもかんでもアイさんに合わせることについてです。

「アイの行きたい場所でいいよ。俺、どこでもいいよ。何食べるかも決めてよ」

彼は付き合った当初から、いつだってこんな感じでした。4年も付き合っているのです。もう慣れっこのはずなのに、最近になって、アイさんは、彼がそう言う度に「はぁ」とため息をこぼすようになってしまったのです。

アイさんと彼は、4年前に合コンで知り合いました。合コンといえど、彼氏がほしいと張り切って参加していたアイさんとは対照的で、彼の方は人数合わせに無理やり連れてこられていたそうです。彼は、淡々と自己紹介をすませてからは、皆の輪に入って盛り上がることをせず、隅の方で一人静かにタバコを吸っていたといいます。

「ねぇ、せっかく来てるんだから、もうちょっと楽しめば？」

彼がいつまで経っても輪に入ってこないので、気を遣って元気よく声をかけたアイさん。

「……え？　あ、ありがとう。ごめんね。気を遣わせちゃって……俺、こういう場に慣れてなくて、失礼だった？」

アイさんの気遣いに対し、きちんとお礼を言い、輪に入ろうとしなかったことを失礼だったかと気にした彼。そんな彼に、アイさんは好感を抱いたそうです。

「実は、彼に対しての第一印象って最悪だったんですよ。コンパなのに、なんで一人だけノリが悪いのよって。でも印象が悪かった分、なんだこの人ちゃんとお礼言えるんじゃんって。それだけで一気に好感度がアップしたんですよ～。その後、仕事の話になったんですけど、彼はエンジニアで肩こりがひどいらしく、それでヨガにすごく興味を持ってくれて。話がとても盛り上がったので、アドレス交換しようよと私から言ったんです」

せっかくアドレスを交換したのだからと、合コンの次の日、アイさんは早速、彼にメールを入れました。アイさんがメールを送ると、彼からはすぐに返事がきたそうです。メール・電話と、2人の距離は少しずつ縮んで行き、そのうちに2人はデートをするまでになりました。けれど、いくらデートを重ねても、彼の方から決定的な言葉は出てこなかったそうです。

「そのうちに、だんだん不安になってきましたね。思い返してみたら、アドレス交換を言いだしたのも、最初にメールをしたのも、電話したのも私だなって。デートに誘ったのも私からでした。彼は私のことただの友達としてしか見てないのかなって……。私の方はメールやデートを重ねる度に彼の穏やかでゆったりとした人柄に惹かれていて、付き合いたいなぁって思っていましたから」

結局、出会って3カ月、8回目のデートの時、アイさんは思い切って自分の方から「私のことをどう思ってるの？　私は付き合いたいんだけど」と彼に言ったそうです。それに対し、彼は「俺も同じことを思ってたんだ……。自分から言えなくてごめん」と。

こうして、2人は無事付き合うことになったわけです。この時、アイさんは、彼は自分の意見をあまり主張しない、控えめな超草食系男子なんだということを、よくよく理解したと言います。そんなところも含め、自分は彼が好きだと思ったそうです。

それなのに、先に記した通り、ある時期からアイさんは、彼の積極的でなく控えめなところが気になって仕方なくなってしまったのです。それには、もちろん理由がありました。

「ちょうどその頃、学生時代の仲良しメンバーの結婚が一気に決まったんです。すごくうれしいと感じた半面、自分だけ置いてけぼりをくらったような気がして焦りました。しかも、結婚が決まったどの友人よりも、交際歴は自分の方が長かったので、どうして彼は私にプロポーズしてくれないんだろうって落ち込みましたね。それまでに、結婚の話が出たことも一度もなかったんです」

もうすぐ結婚2周年を迎えるアイさんは、当時を懐かしみながら照れくさそうに話してくれました。

「それでかなり落ち込んだわけなんですけど、デートプランもいつも私任せで、いつだって受け身の彼が結婚しようなんて、自分から言い出すわけもないなぁって気がついて。……でも、さすがに積極的な私も逆プロポーズだけはする勇気がなくて。彼にプロポーズをしてもらうには、受け身な彼の性格をガラリと変える以外に方法はないなぁって思いました」

アイさんは、それまで自分が決めていたことを、全て彼に任せる決意をしました。

デートプランや何を食べるか、挙句の果てには、なんとアイさんの髪型まで……。徹底的にしないと、控えめな彼をガラリと変えるなんて無理だと思ったからです。

「ねえ、来週、髪切りにいこうと思うの。どの髪型がいいと思う?」

ヘアカタログを彼に手渡しながら、そう尋ねるアイさんに、彼はとても困惑していたと言います。もちろん、「これがいいと思う」なんて返答もありませんでした。

それでも、アイさんは彼に対して、こういった態度を1カ月ほど取り続けました。しかし、効果はゼロだったと言います。

「……この間も、お店決めてよって彼に言ったんだけど、私、なんだかすごくイライラした口調になっちゃってさ、彼の方は黙り込んじゃって……。お店も決まらなかったし、デート終わるまで、お互い黙り込んじゃって。今のやり方じゃ、お互いにとって、何もいいことがないみたいなんだよね。私、どうしたらいい?」

このやり方では、彼も自分も苦しくなると気がついたアイさん。

でも、何かしなければ、彼はいつまでたっても控えめで、プロポーズをしてくれない……。アイさんは、途方にくれ、親友にこれまでの経緯を話し、どうしたらいいかと相談しました。すると。

「うーん。基本的な性格をガラリと変えるのは無理だと思うし、お互い疲れるだけなんじゃない? けど、ほんの少しだけ、いつもと違うことをするようにしてみたら? それならお互いそんなに負担にならないし……。ほんの少しでも積み重ねたら、なかなかすごいかもよ? アイは昔から極端なところがあるからさぁ」

親友がそう助言してくれたのです。

「なるほどと思いました。私はとにかくすぐにプロポーズされたいという気持ちになっていたので、彼をガラリと変えなくちゃ無理だとばかり思っていて。だから、ほんの少しいつもと違うことをするなんて思いつきもしませんでしたから。もう一度、焦らずにやってみようと思いました」

その友人の助言をヒントに、アイさんは「デートの時、毎回、何か一つだけ彼に決めてもらうようにしよう」と決めました。

それでも、4年間受け身できた彼です。一つだけでも大変かもしれない、色々思い返しているうちに、アイさんはそう感じたといいます。そしてこの1カ月、自分もしんどかったけど、彼はもっと辛かっただろうと深く反省をしたと言います。また、それでも自分を見捨てずにいてくれた彼に対し、感謝の気持ちがわいてきて、彼と結婚したいと改めて思ったそうです。

そこで、アイさんは「彼が決めやすいように選択肢を出すようにしてみよう」と思いつきました。最初は、「今日はイタリアンか中華がいいんだけど、どっちか決めてほしいな」「イタリアンだったら、ここかあそこがいいんだけど、どっちか決めてほしいな」というところからはじめました。そして、彼が決めてくれた時は、とても喜ぶようにしました。

「プロポーズされたのはそうするようになった半年後です。依然としてガツつく感じはない彼でしたが、ある日、『結婚する?』っていきなり、ぼそっと訊いてきたんです。彼らしいプロポーズに笑えましたね」

アイさんは付け加えて言いました。

「それまで全然結婚話とかなかったのに、どうして、あのタイミングでプロポーズしてくれたのか、最近になって訊いてみたんです。そしたら、デートで彼が決めた時に私がすごく喜ぶのがうれしかったそうで、もっと喜ばせるにはどうしたらいいのかなって考えたらしいんですよ。その結果、結婚だって思って、プロポーズしてくれたそうなんです。だから、小さな努力はちゃんと意味があったんだなって思いますよ」

大好きな人を喜ばせたい。それは男性・女性、どちらにもある気持ちなんですね。しかも、相手が喜んでくれたらさらに頑張ろうって思っちゃうものみたいです。アイさんの話をうかがって、普段からうれしいと感じたら、感謝の気持ちをきちんと態度で示すことが大切なんだと改めて感じました。アイさんの場合は、「彼に決めてもらう」ということが目標でしたが、結果として、彼に「うれしい」という態度を示す場を自分からどんどん作っていたわけです。これは、ぜひ見習いたいですね！

「そうそう、結婚した後になって、私がすごく焦っていた時の1カ月についても、彼にあの時どう思っていたのって訊いてみたんですよ。そしたら、まさに恐怖以外の何ものでもなかったそうです……。本当にふられなくてよかったですよ。私の彼に似たタイプの人とお付き合いされている女性には、どうか彼に恐怖を与えないようにねと助言したいですね」

そう付け加えてくれたアイさん。どんな時も、やりすぎると自分も相手も疲れるのだということを肝に銘じておかなければいけませんね……。

Case 7

みんなにモテモテタイプ彼（32歳）と。（神奈川県在住 ケイコさん 28歳）

ケイコさんは、手帳を見て呟《つぶや》きました。

「ああ、来週も結婚式かぁ……」

ここのところ、ケイコさんの周りは結婚ラッシュ。大安吉日の度に、披露宴に呼ばれているといっても過言ではありません。華やかな結婚式は大好きです。おしゃれも好きですから、ドレスも5着以上持っているし、今日は美容院に行って、ばっちりカラーリングをしてきました。ネイルサロンとまつ毛エクステも予約しているし、完璧です。

でも、結婚式で「次はケイコかしらね」と言われるのが嫌なのです。

ケイコさんはお付き合いをはじめて5年になる彼がいます。彼はしょっちゅう「モデルみたいだね」と言われる、とてもかっこよくて背の高い人です。その上、人懐っこくて、常に輪の中心にいるモテモテの人です。ケイコさんという彼女がいるにもかかわらず友人から「お前が来てくれたら、女の子のテンションがあがるからコンパに来てほしいんだけど！」なんて、お願いされたりすることもあるほどです。

そんな彼とは仕事を通して知り合いました。仕事の打ち合わせ中、ふとした会話からお互いが「ワイン好き」だということがわかり、「今度一緒に飲みにいきましょう」と盛り上がったことが、お付き合いのきっかけだったそうです。ちなみに、ケイコさんは、某化粧品メーカーのプレスで、彼は広告代理店勤務です。

「ああ、私もそろそろ、結婚したいんだけどなぁ。彼、まだその気なさそうだもんなぁ」

手帳を閉じたケイコさんは、肩を落とさずにはいられませんでした。彼は、まだまだ自由な独身生活をエンジョイしたいように見えます。

「大好きだよ」と、甘い言葉はたくさんくれる優しい彼だけど、結婚となるとまた話が別かもしれない。ケイコさんは、そんなことも考えてしまいます。素敵な彼がいる、それだけで幸せかもしれない。だけど、素敵な彼だけに結婚して安心したい、ケイコさんがそんな気持ちになるのは当然のことでした。

「彼を信じて待つしかない。そう思って日々を過ごしていました。でも、やっぱりしんどかったですね。私が言うのもなんですが、やっぱり彼はかっこいいし、自分より若い子も寄ってくるだろうし……、ふられたらどうしようと考えたことは何度もありますよ」

先月、挙式したばかりでとても幸せそうなケイコさんに、そんな日々があったなんて信じられませんが、どうやら事実のようです。そう、ケイコさんはそのモテモテ彼と結婚したばかりなのです。そんなケイコさんに、結婚までの経緯を詳しくうかがいました。

「友人の結婚式の二次会で、隣の席になった男性がいて、その方も結婚されたばかりだったんですが、実はその男性、自分の彼と雰囲気が少し似ているなと感じまして……。だから初対面にもかかわらず、結婚の決め手なんかをついつい詳しく訊いちゃったんです」

その男性と話したことで、ケイコさんの意識が大きく変わったと言います。

「お酒が入っていたのもあるかもしれないけど、その人に、モテる男性って女性が思っている以上に、本当に色んな女性からアプローチされてるんだよ、ぼんやり待っていたら他の人にもっていかれてもおかしくないよ〜って言われて、ハッとしましたね。私はそれまで彼を信じて待つしかないって思っていたんですけど、結婚したいなら、ただ待ってるだけじゃなくて、行動しなくちゃいけないって思いました。ちなみにその男性は、彼女があれやこれや頑張っているのを見て、ここまで俺に尽くしてくれるのはこの子しかいないって思いつつも、結婚には踏み切れずにいたそうなんです。そうしたら煮え切らない彼の姿に、彼女からキョリを置きたい発言が出たそうなんですね。それで、あわてて、結婚を決めたと言ってました」

その日から、ケイコさんの「プロポーズしてもらおう大作戦」がスタートしました。

5年も付き合ってきたのです。彼の性格も好みもよくわかっています。ケイコさんは、まずは彼に喜んでもらうことが大切だと思いました。

「あれ? 今日、俺の好物ばっかりじゃん?」

「そうなの。なんか久しぶりに作ってみたくなってさぁ」

「そうなんだ! やったぁ! しかも、俺の苦手なの入ってないじゃん!」

「あ、そうそう、最初から抜いといたよ」

ケイコさんは、彼の部屋に遊びに行って、久しぶりに手料理を振舞ったそうです。彼はバリ島が好きで、今までに二度一緒に行ったことがありました。ケイコさんは、ナシゴレンや生春巻き、トムヤムクンなどを、彼の苦手なパクチー抜きで作ってあげたそうです。

そして同じ日に、彼がお風呂に入っている間に、洗濯物も畳んであげました。これについては、彼が以前に「俺、畳み方にこだわりがあってさぁ、この端っこを一回折って……」と言っていたことを覚えていたので、その通りに畳んでおいたとか。

「彼の意識を結婚にシフトさせるんだ」と決意を固めていただけに、重く伝わらないかという心配はありました。だから、できるだけさり気なく「あ、手空いたからやっておいたよ」という感じであれやこれやしてみたそうです。

ケイコさんの心配をよそに、彼はとても喜んでくれたので、ケイコさんは（あ、これくらいなら、大丈夫なんだ）と思い、しばらくそういったことを続けてみたそうです。

「そんなに喜んでくれるならまた作るよ」と伝え、できるだけ手料理を振舞う機会を設けました。そして家に遊びに行く時は、掃除や洗濯も積極的に手伝いました。

しかし残念ながら、そんなことを続けていても、彼は一向に結婚しようと言ってきてくれませんでした。

「あ〜、彼には効かないのかも……。そう落ち込みかけたのと同じタイミングで私の仕事先で欠員が出て、ものすごく多忙になっちゃったんです。彼にもなかなか会えなくなっちゃって、おかげであまり思い悩まずにすみましたね。今となっては、仕事が忙しくなったことに本当に感謝です」

そして、ようやく仕事が落ち着いて、久しぶりにデートをすることになったその時、思いがけないことが起こったのです!

「久しぶりのデートだなぁって前日からウキウキしていましたね。仕事があまりにも忙しかったので、プロポーズ大作戦のこともすっかり忘れていて。単純に、彼と会えることがうれしいなぁって。ずっと会えなかったお詫びに彼の好きなチーズケーキを焼いて……、それを持ってデートの待ち合わせ場所に行ったんですけど……。待ち合わせ場所に到着したら、なんと、彼がバラの花束を持って立っていたんですよ」

「どうしたのそれ?」

花束を指さしポカンとするケイコさんに、彼はいきなり「結婚してください!」とそれを手渡してきました。そう、ケイコさんは彼からプロポーズをされたのです。

「会えない間に、色々考えてさ……。俺のことを一番わかってくれてるのはケイコだなって……。他の人には絶対に渡したくないなって。だから……これからもずっと一緒にいたいなぁって」

しどろもどろになりながらも一生懸命に伝えてくれた彼。ケイコさんは、あまりにうれしくって、人目もはばからず思いっきり抱きついたそうです。

ケイコさん自身も途中からすっかり忘れていたプロポーズ大作戦ですが、忘れるくらい多忙になり、彼に会えない期間ができたことがうまく作用したようです。また普段から、彼の好みなどをチェックしておいたことが大きなポイントになったと思います。

Case 8

経済的不安タイプ彼(29歳)と。(東京都在住 ユカリさん 29歳)

ユカリさんは、都内で保育士として働いています。子供が大好きで、この仕事は自分の天職だと感じているユカリさん。そんなユカリさんには、付き合いはじめてなんと9年にもなる彼氏がいます。9年目ともなると、さすがにもう結婚したい……、ユカリさんは毎日のようにそう思っていました。

ただ、2人の結婚に関しては問題が一つありました。

それは、彼が契約社員だということです。

ユカリさんと同級生の彼は、高校卒業後、正社員として自動車メーカーの下請け会社に勤めはじめました。しかし、3年目のある日、突然会社が倒産してしまったのです。彼はすぐに別の自動車メーカーの下請け会社を受け直し、再就職しましたが、残念ながら正社員としては雇ってもらえませんでした。

真面目にコツコツ働いていますし、勉強をして資格も増やしています。でも、給料は一向に上がりません。そのため貯金額も低めです。働きはじめた時は「いずれ正社員の道も開けるから」と言われていたようですが、事態はすぐには変わらなかったそうです。

「ユカリのことは愛してるけど、今の俺じゃ結婚しても苦労かけるだけだし、そもそもユカリのご両親に認めてもらえるわけないよ」

ユカリさんが結婚をにおわせた話をすると、彼は悲しそうな顔をしてそう言うばかりでした。

「彼の気持ちは痛いほどにわかりました。でも、待っていても彼の状況がすぐに変わるわけじゃないのだから、それならば、結婚して一緒に頑張る方がいいと思ったんです。そもそも私、あんまり物欲ないし、節約するのも大好きなんですよね。結婚を意識する前から、彼の家に遊びに行った時とか、激安料理とか色々作って、これ全部で300円なんだよーとか自慢してましたもん！」

そんなポジティブなユカリさんだからこそ、彼の気持ちを動かせたのかもしれません。

「彼には、私は彼といる方が、どんな状況でも潑剌《はつらつ》としていられるんだということを、真剣に伝えればきっとわかってくれると思っていました。問題は、彼よりも私の両親の方でした」

ユカリさんの両親は案の定、契約社員の彼との結婚には猛反対。ユカリさんが「彼に会ってほしい」と話しても、「わざわざ苦労するところに娘をやれるか！ おれは絶対に会わん」と、特にお父様の方が、彼に会うことを徹底的に拒否していたそうです。

「どうしてわかってくれないの。彼、とってもいい人なんだよ」

ユカリさんは来る日も来る日も両親を説得しようと試みました。

でも相変わらず、聞く耳もたずの状態です。

「……話を聞いてくれないのなら」

ユカリさんは話すことを諦めました。その代わりに両親に宛てて、自分の想いを手紙に書きつづったのです。


『お父さん、お母さん。いつもわがままばかり言ってごめんね。今回も困らせてしまってごめんなさい。でも私、彼のことが本当に大好きなの。彼は私が辛い時は、すぐに飛んで来てくれるし、私のことを本当にわかってくれている。彼といると、私の心はすごく楽になるの。仕事で悩んだ時も、彼は一生懸命考えてアドバイスをくれました。お父さんやお母さんに負けないくらい、いつも私のことを考えてくれます。彼といると幸せなんです。私をこんな気持ちにしてくれるのは彼だけなんです。それに仕事も私生活も、本当に一生懸命頑張っているの。だから、どうか彼のことを認めてください。どうか一度会ってみてください。お願いします。　ユカリ』

ユカリさんは、手紙の中に自分の気持ちをしっかりと込めました。

(これで、わかってもらえなかったら……。ううん、ネガティブになるのはよそう。その時はその時だし……、何度でも頑張って説得するんだから!)

そう決意して、ユカリさんは、こっそりと手紙を両親の部屋へ置いておいたのです。

「手紙を置いた翌日、朝ごはんを食べている時に、新聞を読んでいた父がいきなり、週末に彼を家に連れてきてもいいぞって言ったんです。驚きましたね。すごくうれしかったです。手紙を書いて本当によかったです」

そしてその週末、彼はとても緊張した面持ちでユカリさんの家にやってきたそうです。

所得こそ少ないものの、真面目で温厚な彼に、ユカリさんのご両親は結果としてとても好感を抱きました。

「そこからは、とんとん拍子に結婚話が進んで行きました。私の両親に気にいられたことで、彼がようやく結婚を決意してくれたんです。苦労かけるかもしれないけど、一生懸命頑張るから、これからもいつも隣で笑っていてほしいって、そう言われました」

ニコニコと笑顔で話してくれたユカリさん。きっと彼女にはこれからもっと明るい未来が待っていることでしょう。それにしても、手紙ってとてもいいアイディアです。手紙だと、読み手が落ち着いた時に読んでくれる場合が多いので、直接伝えるよりも染みわたる場合が多いのです。両親を説得したい人は、手紙も一つの手段であることを胸にとどめておいてくださいね。

Section

5

結婚後もHAPPYでいつづけるために今すぐできること

あなたがしたいのは「大好きな人との結婚」ですよね。それは重々承知しています。
でも、結婚は決してゴールではありません。
スタートです。このセクションでは、
幸せな結婚生活を継続していくために、
結婚前からあなたが用意しておいた方が
よいことをお教えします。
どれもすぐに取り掛かれることばかりです。
ぜひ試してみてください。

自由に使えるお金を確保しておこう

今現在、あなたは何かに向けて貯金をしていますか？

女性にお金がかかるのは、私もよくわかっています。洋服に、コスメ、美容院に、ネイルサロン……。お金がかかるものを挙げはじめると、きりがありません。自己投資をほどほどにしようということは、すでにセクション1でお話しさせていただきました。そこで結婚に向けての貯蓄をしようということも書きました。

このセクションでさらにお伝えしたいのは、結婚に向けての貯蓄の中に、**結婚後、自分のためだけに使える自由なお金も入れておいてほしい**ということです。

結婚式・新生活のことを考えると、結婚に向けての貯金はいくらあっても足りないと感じるかもしれません。一生に一度の結婚式、こだわりがあって当然です。新生活、安物買いの銭失いは避けたいところ、2人の生活を彩ってくれるおしゃれな家具や雑貨が欲しいのもよくわかります。

だから、結婚式・新生活に向けての貯金だけで、精いっぱいだと言われても仕方ありません。それでも、私はやはり、「自分のために使える自由なお金」をいくらかでも貯金しておくことをオススメしたいのです。

オススメする理由は、結婚後に実際に自分のために使うかどうかはともかくとして、旦那にお願いしなくても、**自分で好きに使えるお金があるという事実が、あなたの心にゆとりを与えてくれる**からです。心のゆとりは、あなたを穏やかに保ってくれます。

自分の自由に使えるお金がないと、不安になったり焦ったり、最悪の場合、イライラしてパートナーに喧嘩をふっかけてしまうかもしれません。

想像してみてください。

あなたは大好きな彼と結婚しました。そして専業主婦の道を選びました。そんなあなたに欲しい物ができました。春物のワンピースです。でも専業主婦ですから、それを買うには旦那様にお願いをしなければなりません。でも実は、この間靴を買ってもらったばかりです。

一度、二度なら、あなたもお願いしやすいでしょう。しかし、三度、四度と度重なると、なんとなく申し訳ない気持ちになってくると思いませんか？　今回は諦めよう、そう思うかもしれません。もしくは、もっと値段の低いもので我慢して、そのお金は、上手にやりくりして生活費から捻出《ねんしゅつ》しようと思うかもしれませんね。

そして、最終的には、「独身時代、もう少し貯金をしておけばよかった。そうしたら、旦那に気兼ねすることなく自由に買い物ができるのになぁ……」そんな風に感じると思いませんか？

実際、私の周りの専業主婦の友人達は揃《そろ》いも揃って、そういったことを口にします。

また働いている友人達も子どもの教育費が大変と、自分にまわすお金って雀の涙よと言っている人が多いです。

女だから、主婦になってもおしゃれをしたい、綺麗でいたいと思うのは当然です。時には新しい洋服や、コスメだって欲しくなるでしょう。

彼女達の多くは、**「タイムマシンがあったら独身時代の自分に、『一割でいいから未来の私のために貯金をして』って言うわ」**とため息交じりに呟くのです。

独身時代、丸の内でOLをしていた友人は、「丸の内っておしゃれなレストランが多いでしょう。私、ほぼ毎日同僚とそういったレストランでランチしてたの。ランチでも結構するのよね。だから本当に貯金がないんだ。せめて一日置きにして、お弁当持参の日を作って、未来の自分のための貯金をしておけばよかったなぁ」とぼやいていました。

またバリバリ働くつもりでも、やめざるを得ないこともあります。

実際、専業主婦の友人達の多くは、妊娠中であったり、育児中であったり、旦那が転勤族だったりと、なかなか独身時代と同じ環境で働けない状況にあります。

もちろん、育児などが落ち着いて、再度働きはじめる女性もいますし、結婚後も結婚前と同じように働き続ける環境を吟味し、結婚後もずっと働く女性もいます。

それでも結婚後は、家やマンション、車など、大きな買い物をすることも増えてきますし、子供を産めば子供にお金がかかるようになるので、自己投資するお金が残らないことも多いようです。

ですから、やはり結婚後に自由に使えるお金を貯金しておいた方がいいと思います。自分を輝かせ続けるために、心にゆとりを持ち続けるため、小さな節約からはじめてみてください。

♡常日頃から心地よい空間づくりを心がけよう

つい先日のこと。知り合いの既婚男性が、「独身時代に戻りたい」とぼやいていました。

彼は、結婚してまだたったの2年。奥さんはとてもかわいらしい人。私は驚いて、「何でそんな風に思うの？」と尋ねずにはいられませんでした。私の質問に彼は「家に帰っても落ち着かないから」と答えました。詳しく訊くと、彼は「部屋全体が彼女の趣味なんだ。とにかく彼女の物がありすぎるんだよ……」と呟きました。

さて、ここで質問です。

今現在、あなたの部屋は綺麗ですか？　心地よいといえますか？

ベッドの上はシーツがよれてぐじゃぐじゃ。机の上もノートや手帳が出しっぱなし。

クローゼットの中は洋服でギュウギュウ、雑誌のバックナンバーはためっぱなし、なんてことはありませんか？

そんなことはない、と答えてくださったあなたは、どうかそのまま、その状態を継続していただきたいと思います。でも意外に少ないんじゃないでしょうか、そんなことはない、と答えてくださった方って。

言うまでもなく、部屋が散らかっているのは、心地よいものではありません。風水では、部屋が散らかっていると気の通りが悪くなり、体にも心にもよくないと言われています。物がどこにあるかわからなくてイライラしてしまうこともありますし、不潔にしておけば、健康を害するおそれも出てきます。部屋は綺麗にしているに越したことはありません。

結婚後、あなたが綺麗な部屋を維持し続ければ、パートナーも家でくつろぐことができるでしょう。パートナーに掃除をお願いすることもあるとは思いますが、男

性に帰りたいと思わせる空間を作ることは、幸せな結婚生活を継続していく上でとても重要なことです。ですから、幸せな結婚生活を送りたいと考えているあなたには、結婚する前から、心地よい空間づくりをぜひとも心がけてほしいのです。

まずは掃除がかかせません。「掃除くらい、結婚が決まったらちゃんとやるわよ」と思う人も中にはいるでしょうが、習慣というものはそうそう簡単に変えられるものではありません。最初こそちゃんとしていても、1カ月もすればボロが出てしまうものです。だからこそ、今から心地よい空間づくりをする習慣を身につけておいていただきたいのです。

必要のないものは、譲るか捨てることをオススメします。

いつか使うかもと思ってとってあるものも、実際に使うことはほとんどありません。

2年以上使っていないコスメや、洋服なども思いきって捨ててください。棚やクローゼットに、常に空きスペースが2割あると部屋が散らかりにくいでしょう。

そしてこれからは、いらないものは買わない、もらわないことです。

これだけで、空間はかなりスッキリします。部屋がスッキリすると、掃除機がけや雑巾がけなども、うんとやりやすくなります。細かい部分まで清潔にすることができ、心地よい空間が出来上がります。今日から早速、自分の部屋で試してみてください。そして大切なのは、その心地よい空間を継続させることです。全てのものに置き場所を作り、使ったら必ず戻すようにしてください。最初はしんどいですが、慣れてしまえばなんてことありません。

また、心地よい空間については、結婚が決まった時に、注意してほしい点があります。

それは、**2人の家は、お互いにとって心地よくなければならない**ということです。男性に帰りたいと思ってもらう部屋を作ることは大切ですが、それがあなた自身にとっても心地よいと思える部屋でなくては意味がありません。2人の空間ですから。

結婚が決まり、家具などを選ぶ場合は、どちらか一方の趣味にかたよることがないようにじっくり話し合ってください。そうそう簡単に買い替えられるものではないのでなおさらです。

スペースごとに、チョイスするというのも一つの手段だと思います。

とにかく、2人が納得して部屋づくりをしないと、後々、不平不満が出てくるので気をつけてください。

素を美しくしておこう

皆さんご存知でしょうか?

男性は、女性のすっぴんが大好きだということを……。

私が取材してきた男性の多くも、「女性が濃いメイクをする理由がよくわからない」と口にしていました。カラフルなアイシャドウや、目の周りをアイライナーでくっきりと囲うことには、特に疑問を感じているようです。

でも、何もかもを男性に合わせる必要はありません。そういったメイクが好きな方は、それでいいと思います。私自身も、春になるとカラフルなアイシャドウを試したくなりますし、パーティや結婚式などでは濃いメイクに挑戦したくもなります。

メイクをすることで気分が高揚して、楽しい気持ちになれる人も多くいると思います。それは女性の特権だと思いますし、そもそもメイクというのは毎日落として、その日その日で変えられるものですから、TPOや気分に合わせて楽しめばいいと思います。

ただ、メイク前のあなたの顔、つまり、すっぴん状態の自分自身の顔にもしっかり目を向けてほしいのです。

先に書いた通り、男性は女性のすっぴんが大好きなのです。

ただ、それを言葉通り受けいれることって少し危険だと思うのです。

テレビを見ていると、メイク落としのCMで女優さんが、「すっぴん」を披露していますよね。化粧品の広告などでも目にします。でも、あれって本当の「すっぴん」ではない場合がほとんどなのです。いわゆる超ナチュラルメイクなわけです。照明やコンピューターでの画像加工の力ももちろんあります。それで、あんなにも美しい「すっぴん」に仕上がっているわけです（もちろん、本当にすっぴんが美しい女優さん・モデルさんは数多くいらっしゃいますが……）。

皆さんも、携帯で自身の写真を撮った際、加工アプリを利用したことがあると思います。

しかし男性は、そのCMや広告を見て、そこに出ているすっぴんが超ナチュラルメイクなのだと思う人はほとんどいません。それどころか、女性のすっぴんってこんな感じなんだぁと認識してしまうのです。さすがに、女優さんほどの美しさは求めていないものの、男性陣は、女性のすっぴんはそれなりに綺麗なものだと思っているのです。

それでも、眉毛やアイメイクが落ちることに対しては、それを当たり前だと感じている男性が多いようなので安心してください。メイクをしないにしても、眉毛をつついている男性はそこそこいますし、アイメイクに関しては自然な色がついているわけではないですから、落ちて当然という認識があるようです。

問題は肌質です。

化粧下地に、ファンデーション、コンシーラーに、お粉……。

最近のコスメって本当に優秀です。私自身、徹夜で原稿を書いた日など、目の下にくまがどんより……なんてことがあるのですが、それらの化粧品を駆使すれば、わずか5分で、くまなし、毛穴レスの美肌になれてしまいます。

しかし、これが大きな落とし穴なのです。

あなたは、メイクでカバーできるからと、化粧水や乳液などの基礎化粧品に手を抜いてしまっていませんか？　残業があった日、疲れてしまって化粧を落とさずに寝てしまったなんて話もよく聞きますが、あなたはどうでしょうか？

結局、そんな風にメイク落とし、洗顔、化粧水、乳液、クリームなどの基礎化粧品を怠って、メイクばかりしていると、肌にどんどん負担をかけることになります。気がつけば肌がザラザラになっていたりします。私自身、それを嫌というほど実感してきました。

本来、土台あってこそのメイクなのです。化粧はあらを隠すのではなく、あくまで彩りを加えるためのものだと認識した方がいいでしょう。

何度も繰り返しますが、男性はすっぴんが大好きなのです。**しかし彼らが持っているすっぴんのイメージは、女性のリアルなすっぴんより美しい**わけです。

結婚したら、すっぴんを見せる機会は結婚前より格段に増えます。しかも、至近距離で見られる場合も多いです。おうちデートの時間がうんと増えるものだと思っておいてください。中には、メイクをしている時より、すっぴんでいる時間の方が長い人もいるくらいです。だからこそ、女性はすっぴん肌を美しくする努力をするべきです。パートナーに「俺の嫁ってすっぴんも綺麗だな」なんて思ってもらえたらうれしいし、結婚後も女としての自信が持てますよね。女としての自信を持ち続けることは、楽しい結婚生活の継続に欠かせません。

美肌作りというのは1日にしてならずです。ぜひ、今すぐに始めてください。即効性のある優秀なエステやパックなどが存在することは確かですが、高価な場合が多いですし、コンスタントな努力にはかないません。コンスタントに努力を続けるということによって、自分に対して自信が持てます。それに、長期的に美肌を意識すると、自然と生活習慣もよくなります。

コットンパックや美顔ヨガなど、時間はかかるけれど、自宅でできてお金がかからないものもたくさんありますから、ネットや本屋さんの美容コーナーで、一度調べてみるとよいでしょう。

また私は、結婚前、**美肌作りに高価なお金をかけるよりは、脱毛に行くことをオススメしています。**

皆さんも想像がつくかと思いますが、結婚後に無駄毛処理をする時間はなかなかありません。そもそも、パートナーに隠れてコソコソというのも面倒ですよね。だからといって放っておけば、無駄にもかかわらず生えてきちゃうのです、無駄毛ってやつは……。

しかし、男性はそういったことに関しても、CMやグラビアの影響があるのでしょう、**女性は生まれつきツルツルくらいに思っている**ものです。

「今さらなんだけど、この間旦那が私の無駄毛の存在を知ってショックを受けてたの。逆に私の方がショックだったけどね。あーあ、腕と足くらいは脱毛しておけばよかったなぁ」

主婦の友人がそう話していたこともありましたし、

「俺、びっくりしたんですけど、女性も結構わき毛とか生えるんですね……」

某美容機器メーカーに就職し、女性用の脱毛機を作るチームに入った男友達は、しんみりとそう口にしていました。脱毛機を作る人ですら、その事実を知らなかったことに、私の方がびっくりせずにはいられませんでした。

これらの経験からも、脱毛を勧めているわけです。脱毛って時間もかかりますしね。

私も、通うのが面倒くさくて、本当に何度も断念しそうになりましたが、これだけは行っておいてよかったなぁと、結婚後、しみじみ感じています。リーズナブルな割に、しっかりした結果をもたらすサロンや、自己処理できる脱毛機器もどんどん出てきていますから、一度、ネットで口コミなどを調べてみてください。

美肌にしても脱毛にしても、素の自分を美しくするわけです。そうすれば、自分自身うれしいですし、自信が持てます。それに、結婚後に大好きな彼を幻滅させることもありません。未来に向けて、今日から少し意識してみてはいかがでしょうか。

こまめに感謝の気持ちを伝えよう

あなたは普段、「ありがとう」とよく口に出して言いますか？

特に親切にされた時や、ピンチな状況から救ってもらった時に、感謝の言葉を言わない人は少ないと思います。しかし、小さなことに関してはどうでしょう。

心の中で感謝こそしているものの、わざわざ口に出しては言わないという人も、結構多いのではないでしょうか。もしくは、やってもらって当然だと思い、感謝すらしないという人もいるかもしれません。

けれど、「幸せな結婚生活」を目指しているあなたには、**どんな些細なことでも「ありがとう」と口に出して言うように心がけてほしい**のです。

結婚後、夫婦仲が冷めていく原因は色々あります。

浮気や、自分に内緒で借金をしていたなど、パートナーのことを信頼できなくなり、気持ちが冷めるというパターンも残念ながら多くあります。こういったケースの場合、離婚に至ってしまうことも少なくありません。

また、パートナーを信頼できなくなる決定的な事件があったわけでもないのに、夫婦仲が冷めてしまうケースもあります。離婚するほどではない、でも、もうお互いに好きじゃない。そんな結婚生活を送っている夫婦です。そんなのって寂しいですよね。

少し前に、パートナーにすっかり気持ちがなくなった女性にお会いする機会がありました。結婚4年目、まだ20代の女性です。彼女に、どうしてパートナーに対しての気持ちが冷めてしまったのかを尋ねてみました。すると、彼女はため息交じりにこう言いました。

「私が色々やってあげているのに、彼ってちっともお礼を言わないの。結婚してずーっとよ。いつもよりはりきってご飯を作ってみても、どんなに綺麗に掃除しても、当然って思ってるのよ。最初こそ腹が立ったけど、もう諦めたわ。別にギャンブルや浮気をするわけでもないし、離婚はしないけど、好きかどうか訊かれると好きとは言えないわね。できることなら2人で出掛けたりはしたくないわ」

話を聞いていて、本当に悲しくなりました。

せっかくお互いのことをいいなぁと思って結婚して、これから何十年も結婚生活が残っているというのに、パートナーのことを好きと思えないなんて、寂しい限りです。

私はその彼女に尋ねました。

「あなたの言い分はわかる。でも、あなたの方は？　いつも彼にお礼を言っているの？」と。すると彼女は、**「彼、私にお礼を言わせるようなことしてくれないもの」**と答えたのです。

これを読んで、あなたはどう思われましたか？

この彼女には、「あなたが、旦那様がお礼を言わないことに不満を感じているのと同じように、彼もあなたがお礼を言ってくれないことに不満を感じていると思うよ。あなたが頑張っているのと同じで、彼は彼なりに頑張ってるんじゃない？　まだまだ結婚生活は長いんだから、あなたの方からお礼を言うようにしてみたら？　してもらって当然っていう気持ちがお互いにあるみたいだけど、そうじゃなくて、どんなに些細なことでもしてもらってありがたいんだって考えるようにして、まずはあなたの方から感謝の気持ちを示せばいいと思う。そうしたら、きっと旦那様も変わってくれるよ」とアドバイスをしました。

このアドバイスの数カ月後、街でばったり彼女と彼女のご主人がデートをしているところに出くわしました。夫婦仲が冷めていると話していたのが嘘みたいにラブラブの様子で、本当に驚き、とてもうれしくなりました。

後日、また彼女と会う機会があったのですが、前に会った時よりもすごく輝いていて、「旦那のことが大好きで仕方ない。結婚できて本当によかったと思う。そのことに気がつけて本当によかった」と笑顔で話してくれました。

結婚生活って、結局は日々の積み重ねです。

一日一日は短くても、全体で見ればすごく長い時間になります。だから、小さな不満に思えることも、積もり積もると大きな不満になってしまいます。その不満が、パートナーに対する興味を失わせてしまい、最悪の場合、愛情のない仮面夫婦にさえしてしまうのです。

しかし、**感謝の言葉「ありがとう」を普段から口にしていると、不思議と不満を感じなくなる**傾向にあるようです。いつも◯◯してくれてありがたいな、と思いながら生活していると、相手のいいところがどんどん目につくようになり、その分、悪い部分が気にならなくなるのです。だからこそ、どんなに些細なことでも「ありがとう」をどんどん口に出して言うべきです。結婚前の普段から見落としている「ありがとう」探しをすることをオススメします。当然だと思っていることがいかにありがたいか、それに気がつけるようになれば、「ありがとう」と思える事柄がどんどん増えていくはずです。

最高の結婚式にしよう

さて、唐突な質問ですが、結婚が決まったら、あなたは「結婚式」を挙げますか？

女性の多くは、ウエディングドレス、ブーケトス、ファーストバイトなど、「結婚式」にあこがれを抱いていると思います。私自身もその一人だったので、式を挙げたいとおっしゃる方のお気持ちはよくわかります。

結婚式は、人生に一度の晴れ舞台とも言われています。家族や友人みんなに常日頃の感謝の気持ちを示せる最高の場所でもあります。だから、挙式を考えられている方には、ぜひ挙げていただきたいと思います。

ただ「結婚式」って、女性の思い入れが強いからでしょうか、その準備中、**パートナーと喧嘩になりやすいもの**なのです。そういった話を聞いたことがありませんか？

私にはウエディングプランナーの仕事をしている友人がいますが、彼女と会うとよく「今回の担当カップルも打ち合わせの時、喧嘩はじめちゃってさぁ……。リラックスしてもらうのがすごく大変なんだよ～」とぼやいています。

思い返してみると、私も自分の結婚式の準備時、喧嘩とまでいかないでも、彼と多少なり険悪なムードになってしまった経験があります。幸せな結婚生活のスタート地点でもある結婚式を挙げようとしているのに、険悪になっている場合ではないと思い、どうにか気持ちを切り替えましたが、そうするにはそれなりに苦労しました。

そんな自身の経験と、これまで相談を受けてきた友人、知人の結婚式に関する苦労話をふまえて考えてみると、結婚式準備中に起こる喧嘩の多くは、**男性側と女性側の、結婚式に対する温度差に問題がある**ように思います。

女性側が結婚式に思い入れが強いのに対して、はっきり言って、男性側はそうでもありません。中には、一緒になって細かい部分まで考えてくれる男性もいるでしようが、そんな男性はまれだと思った方がいいです。

だから、結婚式の詳細を考えていく段階で、男性の多くは「君の好きにしていいんだよ」とか、「君が決めていいよ」といった言葉を多く口にします。悪気は一切ありません。そう言った方が女性も喜ぶと思っているのです。

しかし、そう言われる度、女性の方は（2人の結婚式なのに、どうして彼は積極的でないのかしら）と感じるようになります。しかも「君の好きにしていいんだよ」と言う割に、いざ「じゃあ、これをしたいんだけど……」と具体的なことを言うと、「え？ それって本当に必要？ やってる人多いの？」などと言いだす男性も少なくありません。

そんな時に、ウエディングプランナーさんに「皆さんに人気なのは○○ですよ」なんてアドバイスされると、「じゃあ無難だし、そっちでいいんじゃない？」なんて言いはじめるのです。

そういった過程で、女性がヤキモキしてくるのは仕方ないことだと思います。（あまり積極的になってくれず、私の好きにしていいって言ったじゃない。その割に、いざ決めようとするとああだこうだ言う……。この人、私のこと本当に好きなのかしら?）

マリッジブルーも手伝って、不平不満はどんどん蓄積されていってしまいます。

しかし、男性には女性側のそんな気持ちがなかなか伝わりません。**女性側の結婚式に対する意識の高さが最初から理解できていない**からです。だから、最終的には、ウエディングプランナーさんの前で大喧嘩なんていう最悪の事態になってしまったりするわけです。

大喧嘩とまではいかないでも、パートナーの出方に不満や不安を抱いたままの状態で結婚式を挙げると、結婚後も、（最高の結婚式を挙げられなかった）というしこりが残ってしまいます。これは、幸せな結婚生活を持続していく上でとても危険なことです。

多くのことは、もう一度やり直すということができますが、結婚式は、何度もやり直せるものではありません。最高のものにしたかったのに……という後悔の気持ちは、何かある度に蒸し返され、あなたの彼に対する熱を下げる要因の一つに成り得ます。これでは本末転倒です。

そうならないためにも、結婚式に対して、男女の間に温度差があることなどを、先にしっかり理解しておくとよいと思います。それを理解しているかいないかで、結婚式準備中のパートナーに対する気持ちも随分と変わってくるでしょう。

実際、「もっと最高のものになるはずだったのに……」と自分の挙げた結婚式に対して不満を言っている人って、女性しか見たことありません。そういった点からも、結婚式に対して、男女間に思い入れの差があるのがよくわかります。

考えてみれば、バレンタイン、クリスマス、誕生日、イベントを重視するのはいつだって女性側です。

男性の多くは、イベントに対して多少の想いを持っているものの、女性ほどではありません。結婚式に対しても同じだと考えた方がいいでしょう。結婚式は2人が主人公だけど、女性の方によりスポットがあたると捉えておいてください。

だから、はなから、彼にあまり遠慮することなく、あなたの理想の結婚式を挙げるつもりでいるようにしましょう。あなたに強い意志があれば男性は合わせてくれるものです。

でも、**いざ結婚が決まった時に、意識するというのでは遅い**のです。

その時点で結婚情報誌を開けはじめると、そこには本当に色々な情報がありますから、選択するのがものすごく大変です。結局、自分ではどれを選んだらいいかわからなくなって、彼に「どうしよう」と相談することになります。そうすると「君の好きにしたらいいよ」なんて言われてしまうわけです。最初に説明したように、喧嘩に発展しやすくなるのですね。

だから、結婚が決まる前でも全然かまわないのです。というか、むしろ結婚が決まる前からの方がいいのです。相手がいてこそのものなんて気構える必要はありません。結婚情報誌などには、今から色々と目を通しておいて、自分なりの理想の結婚式を固めておきましょう。そうすることで夢も膨らみ、結婚に対する意欲もどんどんわいてくると思います。

また、結婚情報誌にはどんなことに予算がかかるか、かなり細かく書いてあります。それに、「あれはこうすればよかった」とか、「手作りにしたら、予算を半分にできた」など、先輩方のリアルな意見もたくさん載っています。まだ時間的にゆとりがある今だからこそ、色々調べておきましょう。

最高の結婚式を挙げる、それはきっと、あなたに幸せな未来を約束してくれます。

おわりに

最後まで読んでくださったこと、心から感謝致します。

「結婚をしたいと思っている全ての女性の役に立つ本にしたい」

そんな大きな目標を掲げ、毎日この本の原稿を書かせていただきました。

この原稿と向き合っている間はもとより、それ以前から、私は「結婚」について深く考えていたように思います。それは仕事としてのみではありません。

現代社会では人生に色々な選択肢がありますが、私にとって、結婚することは幼い頃からの「憧《あこが》れ」であり「夢」であり「目標」でした。この本を手にしてくださった皆さまも、同様に考えていらっしゃるのではないでしょうか。

今、あなたは「結婚」をつかみたくて意気込まれているかもしれません。

私は、本当にそれを心から応援したいと思っています！

大丈夫です。きっとうまくいきます！

ただし、頑張り方を間違えないでください。

人はどうしても手に入れたいものがある時、がむしゃらに頑張ってしまう傾向にあります。頑張るのはいいことだと思いますが、あまりにも頑張りすぎるとよくありません。

私自身も、「結婚」したいと強く思っていた時期があり、やはりがむしゃらに頑張っていました。今思えば、あんなにがむしゃらだった私に、彼(今の旦那)はよく引かなかったものだなぁって思います。でも、もう少し行きすぎていたら、危なかったかもしれません。

そんな私の経験も踏まえて言わせていただきます!

どうか、忘れないでください。「結婚」は相手あってこそのものだということを。そして、どちらも良いコンディションでするのがベストであるということを。

私自身もそうでしたが、一方的に頑張りすぎると、相手は気迫にやられ、たじろぐだけですし、たじろいだ相手を見ていると、「私と結婚したくないのかしら」なんて具合にイライラして落ち込んでしまいますよね。それではお互いにとって、何もいいことがありません。どんどん負のスパイラルにはまっていくだけです！

それでも、相手のタイプによっては、強引にことを進めてどうにか「結婚」することはできるかもしれません。けれど、それで「幸せな結婚生活」を手に入れる、あるいは継続し続けるのは、なかなか難しいことだと思います。

何事においても、無理をして強引にことを進めると、どこかで歯車がずれてくるものです。結局、帳尻を合わせなくてはならなくなるのです。だから、人生のターニングポイントとも言える「結婚」を無理やりつかむことは避けた方がいいと思います。

だからといって、自分の気持ちを押し込めて、ただ待ち続けるだけという苦しい日々を送ることはありません。それは、とてもしんどいことです。

心配はいりません！

状況に見合った言葉を選び、適切な行動をとれば、相手は絶対に引きませんし、あなたのハートが疲れることもありません。それどころか、あなたと彼は、手を取り合って結婚に向かって歩き出すことができるのです！

どうか、本書にある内容を吟味し、実行してみてください。

そして、もう一つ、私からアドバイスさせてください。

本書でも何度も書きましたが「結婚」は決してゴールではありません、スタートです。

当たり前のことを堂々と言ってしまいました。ごめんなさい……。

でも、私自身、結婚してから10年経ちますが、本当にその通りだと感じているのです。

私は旦那と6年間付き合った後、結婚しました。自分では、6年も付き合っていたから、彼のことは十二分にわかっていると思っていました。けれど違いました。結婚してから、毎日毎日、発見の連続です。ちょっとした価値観の違いなどに驚くことは、いまだ続いています。まさに、結婚したあの日がスタートだったのだなぁって、そう思います。

結婚とは、赤の他人だった人と夫婦になり、一緒に生活をはじめるものです。彼と自分の価値観が同じだとは限りません。時には、それが原因で喧嘩になることもあります。

だからこそ、「幸せな結婚生活」を継続するには、小さな努力が必要だなって、つくづく思うのです。相手と自分の違いを認めて、どうしたら相手が喜ぶか、うれしいと思ってくれるか、そういったことを考えることも、とっても大切だと思います。

小綺麗でいることや、たまに旦那様の好きな料理を作ってあげることなんかも、小さな努力といっていいでしょう。

努力・努力と繰り返していますが、そんなに難しいことではありませんからご安心を。

相手に対する思いやり・感謝を忘れないでいれば、自然と心がけるようになります。

そして、あなたがそうしていれば、おそらく相手も同じようにしてくれるはずです。

お互いが、相手を想い、無理なく相手のために小さな努力を重ね続けることで、ますます相手のことを愛おしく想えます。それに、大好きな人に優しくできる自分自身のことだって前よりももっと好きになれます。それって、とてもいい状態です。

そんな2人なら、ずっと仲の良い夫婦でいることができるでしょう。

「結婚」もこれからなのに、そんな未来のことを言われても……と思われるかもしれませんが、これから「結婚」するあなただからこそ、お伝えしたいと思ったのです。

あなたが笑顔いっぱいの結婚生活を送ることを心より願っています。

最後になりましたが、本書を作るにあたり、一緒に試行錯誤をしてくださった担当編集者の山田翔さん、そして素敵な漫画・イラストを提供してくれた心から大好きな漫画家の葉月かなえちゃん、文庫化につきましては、田辺真由美さん、萩原貞臣さん、本当にありがとうございました。協力してくれた家族・友人他この本に関わってくださった全ての人に、そして手に取ってくださったあなたに心より感謝致します。

ありがとうございました！

皆さまの幸せを心より祈って――

２０１９年春

市川しんす

Happy
Marriage
Story

本作品は二〇一一年四月に小社から単行本で刊行された『しあわせな結婚のはなし』を改題・修正し、文庫にしたものです。

わたし、いつ結婚できるんだろう？

一〇〇字書評

切り取り線

購買動機（新聞、雑誌名を記入するか、あるいは○をつけてください）

□（　　　　　　　　　　　　）の広告を見て
□（　　　　　　　　　　　　）の書評を見て
□ 知人のすすめで　　□ タイトルに惹かれて
□ カバーがよかったから　　□ 内容が面白そうだから
□ 好きな作家だから　　□ 好きな分野の本だから

●最近、最も感銘を受けた作品名をお書きください

●あなたのお好きな作家名をお書きください

●その他、ご要望がありましたらお書きください

住所	〒				
氏名		職業		年齢	

新刊情報等のパソコンメール配信を 希望する・しない	Eメール	※携帯には配信できません

あなたにお願い

この本の感想を、編集部までお寄せいただけたらありがたく存じます。今後の企画の参考にさせていただきます。Eメールでも結構です。

いただいた「一〇〇字書評」は、新聞・雑誌等に紹介させていただくことがあります。その場合はお礼として特製図書カードを差し上げます。

前ページの原稿用紙に書評をお書きの上、切り取り、左記までお送り下さい。宛先の住所は不要です。

なお、ご記入いただいたお名前、ご住所等は、書評紹介の事前了解、謝礼のお届けのためだけに利用し、そのほかの目的のために利用することはありません。

〒一〇一―八七〇一
祥伝社黄金文庫編集長　萩原貞臣
☎〇三（三二六五）二〇八四
ohgon@shodensha.co.jp

祥伝社ホームページの「ブックレビュー」からも、書けるようになりました。
http://www.shodensha.co.jp/bookreview/

祥伝社黄金文庫

わたし、いつ結婚《けっこん》できるんだろう？
男性《だんせい》が決心《けっしん》してくれる8のきっかけ

平成31年3月20日　初版第1刷発行

著　者　市川《いちかわ》しんす

コミック　葉月《はづき》かなえ

発行者　辻 浩明

発行所　祥伝社《しょうでんしゃ》

〒101－8701
東京都千代田区神田神保町3－3
電話　03（3265）2084（編集部）
電話　03（3265）2081（販売部）
電話　03（3265）3622（業務部）
http://www.shodensha.co.jp/

印刷所　萩原印刷

製本所　ナショナル製本

ISBN978-4-396-31751-5 C0195

祥伝社黄金文庫

斎藤茂太
いくつになっても「輝いている人」の共通点
今日からできる、ちょっとした工夫とテクニック。健康・快食快眠・笑顔・ボケ知らずを目指せ!

斎藤茂太
いくつになっても「好かれる人」の理由
自分にも他人にも甘く。それでいい。人間関係が人生の基本。人生を楽しむ、ちょっとしたコツを教えます。

佐藤絵子
フランス人の贅沢《ぜいたく》な節約生活
いま〈あるもの〉だけでこんなにもエレガントに、幸せに暮らせる! パリジェンヌの「素敵生活」のすすめ。

佐藤絵子
フランス人の手づくり恋愛生活
愛にルールなんてない。でも、世界に一つの〈オリジナル・ラブ〉はこんなにあった!

小林由枝《ゆきえ》
京都でのんびり
私の好きな散歩みち
知らない道を歩くと、京都がますます好きになります。京都育ちのイラストレーターが、とっておき情報を公開。

小林由枝
京都をてくてく
私が気ままに歩くみち
『京都でのんびり』の著者が贈るお散歩第2弾! ガイドブックだけではわからない本物の京都をポケットに。